काव्य संचयिका

काव्य संचयिका

सम्पादक

प्रो. श्रीराम शर्मा

प्रोफेसर एवं अध्यक्ष, हिन्दी विभाग
हिमाचल प्रदेश विश्वविद्यालय
शिमला–171005

वाणी प्रकाशन

वाणी प्रकाशन का 'लोगो'
विख्यात चित्रकार मक़बूल फ़िदा हुसेन की
कूची से

ISBN : 978-93-5000-011-3

वाणी प्रकाशन
21-ए, दरियागंज, नयी दिल्ली-110002
द्वारा प्रकाशित

फोन : 0091#11#23273167, 23275710
फैक्स : 0091#11#23275710
ई-मेल : vaniprakashan@gmail.com
vani_prakashan@yahoo.com
वेबसाइट : www.vaniprakashan.com

प्रथम संस्करण : 2009

मूल्य : 50.00
आवरण : वाणी प्रकाशन
आर. टेक ऑफसेट प्रिंटर्स, दिलशाद गार्डन
दिल्ली-110095, द्वारा मुद्रित

KAVYA SANCHYIKA
Edited by : Dr. Shriram Sharma

भूमिका

हिन्दी काव्यधारा के विकास चरणों को आदिकाल, भक्तिकाल, रीतिकाल और आधुनिक काल यात्रा खण्डों में विभाजित किया गया है। युग विशेष में काव्य की विशेष प्रधान प्रवृत्ति को ही हिन्दी साहित्य के इतिहासकारों ने काल विभाजन का आधार माना है। जिस युग में जिस विषय पर अधिक काव्य रचना हुई है, उसके नाम पर युग का नामकरण भी कर दिया गया है। आदिकाल का युग संघर्ष का युग था, इसलिए इस युग की कविता में आवेश, प्रखरता, प्रचण्डता और ओजस्विता है। इस संघर्ष से पूर्व जन भाषाओं में भक्ति की चेतना बराबर जगती आयी है। हिन्दी की प्रारम्भिक कविता में यह धार्मिक चेतना भी मिलती है।

हिन्दी काव्यधारा आदिकाल के यात्राखण्ड को पार करने के पश्चात् मध्यकाल में प्रवेश करती है। इस युग में भक्ति का स्वर ही प्रमुख रहा, इसीलिए इसे भक्तिकाल नाम से भी पुकारा जाता है। निर्गुण काव्यधारा और सगुण काव्यधारा इस युग की प्रमुख धाराएँ हैं। ज्ञानमार्गी, प्रेममार्गी, कृष्णभक्ति, रामभक्ति, भक्ति युग की उपधाराएँ हैं। महात्मा कबीर ज्ञानमार्गी धारा के प्रवर्तक माने जाते हैं। यह धारा एक ओर धर्म के सहज, सरल और आडम्बरहीन रूप को प्रस्तुत करती है और दूसरी ओर हिन्दू-मुस्लिम एकता का प्रचार करती है। प्रेममार्गी शाखा के प्रवर्तक मुहम्मद जायसी रहे हैं। ज्ञान की अपेक्षा इन्होंने प्रेम को प्रधानता दी। श्री बल्लभाचार्य ने कृष्ण भक्ति के प्रचार के लिए पुष्टिमार्ग की स्थापना की। इनके पुत्र श्री विट्ठलनाथ ने अष्टछाप की स्थापना की। सूरदास अष्टछाप के प्रमुख कवि रहे हैं। इस धारा के सभी कवि श्रीकृष्ण के बाल रूप और रसिक-किशोर रूप का चित्रण कर अपने युग में फैले सन्त्रास-नैराश्य और वैषम्य को दूर करने का प्रयत्न करते हैं। राम भक्ति शाखा के प्रवर्तक श्री रामानन्द को माना जाता है और तुलसीदास इस धारा के अग्रणी कवि रहे हैं। तुलसीदास समाज और जन जीवन में फैल रहे अनाचार को रोकने के लिए राम के ऐसे आदर्श रूप को प्रस्तुत करते हैं, जो व्यक्ति, परिवार, समाज और राजनीति में आदर्श मर्यादाओं की स्थापना करता है। जीवन के विरोधों में समन्वय का सन्देश देना तुलसीदास का ध्येय रहा है। उत्तर-मध्य काल हिन्दी काव्यधारा के विकास का अगला चरण है।

इस युग को रीतिकाल अथवा श्रृंगार काल भी कहा जाता है। इस काल में काव्य रचना के विविध रूपों, काव्यांगों जैसे शब्द-शक्ति, रस, अलंकार, छन्द, नायिका भेद, नख-शिख भेद को लेकर काव्य रचनाएँ हुईं। इस युग में श्रृंगार के स्वर की प्रधानता रही। ऐसे कवि जिन्होंने लक्षण ग्रन्थों को नहीं लिखा परन्तु उनके उदाहरणों की रचना की, रीतिबद्ध काव्यधारा के कवि माने जाते हैं। बिहारी ऐसे ही कवि रहे हैं। जिन कवियों ने रीति अथवा काव्यांगों का विवेचन किया वे भी इसी धारा में आते हैं। रीतिमुक्त काव्यधारा में वे कवि आते हैं, जो रीति काव्य के प्रभाव से मुक्त होने का प्रयत्न करते हैं। ये कवि काव्य लेखन की परम्परागत रूढ़ियों और बन्धनों को तोड़ते हैं। आलम, घनानंद ऐसे ही कवि रहे जो स्वतन्त्र रूप में श्रृंगार काव्य की रचना करते हैं।

आधुनिक काल हिन्दी काव्यधारा का अगला विकास चरण है। इसे नवजागरण काल भी कहा जाता है। इस काव्यधारा में भी आधुनिक हिन्दी कविता अनेक उपधाराओं में बँट जाती है। भारतेन्दु युग के कवियों में भारतेन्दु हरिश्चन्द्र प्रबल व्यक्ति थे। इन्होंने इस युग को प्राणदान दिया। सामाजिक, सांस्कृतिक और राष्ट्रीय जागरण का स्वर इस युग की कविता में मिलता है। जगमोहन सिंह, पं. बदरीनारायण, अम्बिकादत्त व्यास इस युग के प्रमुख कवि रहे हैं। महावीर प्रसाद द्विवेदी के नाम पर द्विवेदी युग का नामकरण हुआ है। यह युग सांस्कृतिक और राष्ट्रीय आन्दोलनों का रहा है। द्विवेदी युग में राष्ट्रीयता का उन्मेष अत्यन्त प्रबल हो उठता है। अहिंसा, सत्याग्रह, हरिजन उद्धार, ग्राम सुधार, स्वदेशी आन्दोलन, सविनय अवज्ञा आन्दोलन का प्रभाव इस युग की कविता पर पड़ता है। श्रीधर पाठक, रामनरेश त्रिपाठी, अयोध्या सिंह उपाध्याय, मैथिलीशरण गुप्त, माखन लाल चतुर्वेदी इस युग के प्रमुख कवि रहे हैं। छायावाद ऐसी काव्यधारा है, जिसमें कवि सोचने, कहने, लिखने की सभी प्राचीन परम्पराओं से मुक्त होकर अपने आन्तरिक ज्वार को नयी भाषा शैली में अभिव्यक्त करता है। जब यह समाज कवि की उपेक्षा करता है तब कवि इस निर्मम संसार से भाग कर प्रकृति की गोद में जाता है। प्रकृति की छाया में कवि को ममता, प्रेम और आत्मीयता मिलती है। जयशंकर प्रसाद, सूर्यकान्त त्रिपाठी निराला, सुमित्रानन्दन पन्त, महादेवी वर्मा इस काव्यधारा के प्रमुख कवि रहे हैं।

राष्ट्रीय सांस्कृतिक कविता का हिन्दी में विशेष स्थान रहा है। नवछायावाद में छायावाद का कुछ रूप तो देखा जा सकता है, लेकिन छायावादोत्तर काल में एक नयी काव्य चेतना दिखाई देती है। बालकृष्ण शर्मा 'नवीन', सोहन लाल द्विवेदी, रामधारी सिंह दिनकर, शिवमंगल सिंह 'सुमन' आदि कवियों ने अपनी कविता में शोषण के विरुद्ध गर्जन-तर्जन किया है। प्रगतिवादी कवि दीनों, दलितों, मजदूरों, किसानों, खलिहानों, सड़कों, झोंपड़ियों, कुटियाओं के दुःख-दैन्य और पूँजीपतियों के शोषण का चित्रण करते हैं। रामेश्वर शुक्ल 'अंचल', मुक्तिबोध, नागार्जुन, शमशेर बहादुर

सिंह, केदारनाथ अग्रवाल, रामविलास शर्मा, त्रिलोचन प्रगतिवादी काव्यधारा के प्रमुख कवि हैं। इसके अतिरिक्त रांगेय राघव, महेन्द्र भटनागर, सुदर्शन, राजीव सक्सेना आदि कवियों ने भी प्रगतिवादी काव्य को समृद्ध किया है।

ऐसी काव्यधारा जो कविता के क्षेत्र में नये-नये प्रयोग कर रही है, छायावादी-प्रगतिवादी कविता से हट कर नयी दिशाओं और नये क्षेत्रों का उन्मेष करती है, इसे प्रयोगवादी या नयी कविता कहते हैं। प्रयोगवादी कवि अपनी बात सर्वथा नये ढंग से कहने का, नये अलंकारों, प्रतीकों, छन्दों के माध्यम से व्यक्त करने का संकल्प लेकर चलते हैं। सन् 1943 में तार सप्तक के प्रकाशन से अज्ञेय प्रयोगवाद को अस्तित्व में लाये। स्वतन्त्रता प्राप्ति के बाद यही प्रयोगवाद नयी कविता के रूप में सामने आता है। अज्ञेय ने ही दूसरा सप्तक, तीसरा सप्तक, चौथा सप्तक प्रकाशित किया। तार सप्तक का संशोधित संस्करण भी निकाला। नयी कविता के कवि जीवन की नयी-नयी दिशाओं से अपनी अनुभूति बटोर कर उसे नये-नये प्रतीकों, बिम्बों में अभिव्यक्त करते हैं। आज का आलोचक जब कविता के मूल स्वर को पकड़ने में असमर्थ हो जाता है तब कवि स्वयं ही आलोचक बन जाता है। अपने वक्तव्य देता है, समीक्षा करता है। अज्ञेय, गिरिजा कुमार माथुर, धर्मवीर भारती, भवानी प्रसाद मिश्र, नरेश मेहता, प्रभाकर माचवे, नेमिचन्द्र जैन आदि इस काव्यान्दोलन के कवि रहे हैं। नयी कविता का विकास अकविता, ठोस कविता, साठोत्तरी कविता और समकालीन कविता के रूप में हुआ है।

साठोत्तरी समकालीन कविता का विकास सन् 1960 के पास आकर बाह्य परिवेशगत घटनाओं के प्रभाववश एक ऐसी दिशा में हुआ कि अपने परिवर्तित स्वभाव के कारण इस कविता की पहचान साठोत्तरी कविता के नाम से की जाने लगी। इस नवीन मोड़ का साथ नयी कविता धारा के कवियों जैसे रघुवीर सहाय, श्रीकान्त वर्मा, सर्वेश्वर दयाल सक्सेना, विजयदेव नारायण साही तथा दुष्यन्त कुमार ने भी दिया। साठोत्तरी कविता की शुरुआत सन् 1963 में जगदीश चतुर्वेदी द्वारा सम्पादित मानी गयी है। इस संकलन में चौदह कवियों की रचनाएँ थीं। प्रारम्भ के बाद गंगा प्रसाद विमल, जगदीश चतुर्वेदी और श्याम परमार ने विजय नाम से अपना संयुक्त संकलन निकाला। दिल्ली और ग्वालियर से अकविता नाम से दो अनियतकालीन पत्रिकाएँ निकालीं। अकविता, दिगम्बर कविता, भूखी पीढ़ी की कविता, श्मशानी पीढ़ी की कविता, विद्रोही पीढ़ी की कविता, अस्वीकृत कविता, पराजित पीढ़ी की कविता नाम से अनेक काव्यान्दोलन खड़े हुए। सातवें दशक की कविता का यह विद्रोह जैसे उठा था वैसे ही खत्म हो गया। युवा कविता की जनवादी धारा के कवियों में धूमिल, विमल, वेणु गोपाल, विजेन्द्र, ज्ञानेन्द्रपति, राजेश जोशी, उदय प्रकाश, अरुण कमल, रमेश रंजक, कुमार विकल, अशोक चक्रधर आदि का नाम लिया जा सकता है।

साठोत्तरी-समकालीन काव्यान्दोलन के समानान्तर, नव्यतर गीति काव्य भी

लिखा गया है। शमशेर बहादुर सिंह, गिरिजा कुमार माथुर, नरेश मेहता, धर्मवीर भारती, सर्वेश्वर दयाल सक्सेना, केदारनाथ सिंह तथा कीर्ति चौधरी ने गीत रचना की। नव्य गीत के माध्यम से अपने समय की चेतना को जगाये रखने का काम किया। केदारनाथ अग्रवाल, नागार्जुन, शम्भूनाथ सिंह, गोपाल दास नीरज, रामावतार त्यागी, वीरेन्द्र मिश्र, रामदरश मिश्र, रवीन्द्र भ्रमर, चन्द्रदेव सिंह, ओम प्रभाकर, सोम ठाकुर, हरीश भादानी आदि नये-पुराने गीतकारों ने गीत विधा को समृद्ध किया।

सारांश रूप में कहा जा सकता है कि आधुनिक काल में युग परिवर्तन के साथ-साथ हिन्दी कविता ने रूप, वेश और कथ्य में नवीन भूमियाँ अपनायीं तथा भाषा-अभिव्यक्ति को भी नवीन से नवीन तेवर मिला। इस संकलन में हिन्दी काव्यधारा के सभी प्रतिनिधि रंगों को सरल कविताओं द्वारा प्रस्तुत करने का प्रयास किया गए. या है।

प्रो. श्रीराम शर्मा

अनुक्रम

भूमिका 5

भाग (क)

मध्यकालीन काव्य

कबीर 15

साखी 16

पद 18

मलिक मुहम्मद जायसी 25

सिंहलद्वीप वर्णन खण्ड 26

सूरदास 33

भ्रमरगीतसार 34

तुलसीदास 39

विनयपत्रिका 40

गीतावली 46

बिहारी 52

दोहे 53

घनानन्द 57

कवित्त 58

भाग (ख)

आधुनिक हिन्दी काव्य

श्रीधर पाठक 67

सान्ध्य अटन 68

धन जननी धन कोख वह 70

मैथिलीशरण गुप्त 71

हिन्दी की वर्तमान दशा 72

अँगरेजों के प्रति 74

जयशंकर प्रसाद 80

किरण 82

ओ री मानस की गहराई 84

सूर्यकान्त त्रिपाठी 'निराला' 85

वह तोड़ती पत्थर 87

विधवा 89

सुमित्रानन्दन पन्त 91

निर्झरी 93

ग्राम युवती 95

महादेवी वर्मा 98

कौन पहुँचा देगा उस पार 99

चुभते ही तेरा अरुण बान 101

भाग (ग)

छायावादोत्तर काव्य

रामधारी सिंह 'दिनकर' 105

लोहे के पेड़ हरे होंगे 107

बापू 109

सच्चिदानन्द हीरानन्द वात्स्यायन 'अज्ञेय' 111

यह दीप अकेला 113

रात होते-प्रात होते 115

गजानन माधव मुक्तिबोध 116

दूर तारा 117

मुझे कदम-कदम पर 119

धर्मवीर भारती 122

थके हुए कलाकार से 123

कविता की मौत 125

सर्वेश्वर दयाल सक्सेना 128
सुबह से शाम तक 129
काठ की घण्टियाँ 130

नागार्जुन 132
यह दन्तुरित मुस्कान 134
प्रेत का बयान 135

भाग (घ)

समकालीन काव्य

रघुवीर सहाय 141
रामदास 143
काला नंगा बच्चा पैदल 145

केदारनाथ सिंह 146
धानों का गीत 148
दीप-दान 150

लीलाधर जगूड़ी 152
आषाढ़ 154
परिवार की खाड़ी में 155

सुदामा पाण्डेय धूमिल 157
प्रौढ़ शिक्षा 159
मुनासिब कार्रवाई 161

उदय प्रकाश 166
किताब 168
परछाईं 170

सुनीता जैन 173
तिल-तिल कर 174
देख रही हूँ 175

भाग (क)

मध्यकालीन काव्य

कबीर

प्राप्त जानकारी के अनुसार कबीरदास का जन्म संवत् 1455 में काशी के लहरतारा तालाब के किनारे हुआ, जहाँ पर नीरू और नीमा को ये मिले। इन्होंने ही नवजात बालक का नाम कबीर रखा। कहा जाता है कि किसी विधवा ब्राह्मणी ने लोक-लाज के कारण इन्हें तालाब के किनारे छोड़ दिया था। इनकी पत्नी का नाम लोई तथा पुत्र एवं पुत्री का नाम कमाल एवं कमाली था। बचपन से ही इस बालक को साधु-सन्तों की टोली में रहने तथा घूमने की आदत लग गयी थी। कबीर भ्रमणशील सन्त थे। आचार्य रामानन्द को ये अपना गुरु मानते थे।

कबीर का अधिकांश समय सत्संग में ही बीतता था तथा जीविका कमाने के लिए ये जुलाहे का ही काम करते थे। जाति-भेद इन्हें पसन्द नहीं था। ये आजीवन हिन्दू-मुसलमान के भेद की मान्यता का खण्डन करते रहे। इनके स्वतन्त्र विचारों के प्रचार के कारण ही कट्टर मुसलमान शासक सिकन्दर लोदी ने इन्हें कई यातनाएँ भी दीं। संवत् 1575 में मगहर में इनकी मृत्यु हुई। शरीर छोड़ने के बाद ये हिन्दुओं और मुसलमान दोनों जातियों के समाज में समान सम्मान के पात्र बन गये।

घुमक्कड़ प्रवृत्ति के कबीर गृहस्थ जीवन की अपेक्षा परमात्मा की भक्ति में अधिक रम जाते थे। ये निर्गुण निराकार परमात्मा के उपासक रहे। इन्होंने अवतारवाद का विरोध किया। आँखिन देखी पर भरोसा करने वाले कबीरदास ने पोथी पढ़ने वालों तथा कर्मकाण्ड करने वालों की खिल्ली उड़ाई है। विद्वानों के मत में कबीर मध्य युगीन क्रान्तिकारी समाज सुधारक थे। समाज के अन्तर्गत उन्होंने सभी प्रकार की बुराइयों और अन्धविश्वासों के प्रति जनता को जागरूक बनाने की कोशिश की है। वे सभी को ईश्वर की भक्ति की साधना का समान अधिकारी मानते थे। मानव मात्र को समान मानना ही कबीर सच्चा धर्म बतलाते रहे। इनका व्यक्तित्व अटूट आस्था तथा जीवन अडिग आत्म-विश्वास से भरा हुआ था।

कबीर की रचनाओं का सम्पादन कबीर वाणी तथा कबीर ग्रन्थावली नाम से किया गया है। बीजक में भी इनकी वाणी संगृहीत है। साखी, सबद और रमैनी इनकी काव्य रचनाएँ हैं। कबीर ने गुरु, आत्मा-परमात्मा, माया, आडम्बर, अज्ञान आदि के सन्दर्भ में अपने विचार व्यक्त किये हैं। इनकी भाषा को खिचड़ी अथवा सधुक्कड़ी भाषा भी कहते हैं।

साखी

सतगुर सवाँन को सगा, सोधी सईं न दाति।
हरिजी सवाँन को हितू, हरिजन सईं न जाति॥1॥

बलिहारी गुर आपणैं द्यौं हाड़ी कै बार।
जिनि मानिष तैं देवता, करत न लागी बार॥2॥

सतगुर की महिमा अनँत, अनँत किया उपगार।
लोचन अनँत उघाड़िया, अनँत दिखावणहार॥3॥

राम नाम कै पटतरे, देबे कौं कुछ नाँहिं।
क्या ले गुर संतोषिए, हौंस रही मन माँहि॥4॥

सतगुर के सदकै करूँ, दिल अपणी का साछ।
कलियुग हम स्यूँ लड़ि पड़्या महकम मेरा बाछ॥5॥

सतगुर लई कमाँण करि, बाँहण लागा तीर।
एक जु बाह्या प्रीति सूँ, भीतरि रह्या सरीर॥6॥

सतगुर साँचा सूरिवाँ, सबद जु बाह्या एक।
लागत ही में मिलि गया, पढ्या कलेजै छेक॥7॥

सतगुर मार्‍या बाण भरि, धरि करि सूधी मूठि।
अंगि उघाड़ै लागिया, गयी दवा सूँ फूँटि॥8॥

हँसै न बोलै उनमनी, चंचल मेल्ह्या मारि।
कहै कबीर भीतरि भिद्या, सतगुर कै हथियार ॥9॥

गूँगा हूवा बावला, बहरा हुआ कान।
पाऊँ थैं पंगुल भया, सतगुर मार्‌या बाण॥10॥

पीछैं लागा जाइ था, लोक वेद के साथि।
आगैं थैं सतगुर मिल्या, दीपक दीया हाथि ॥11॥

दीपक दीया तेल भरि, बाती दई अघट्ट।
पूरा किया बिसाहूणाँ, बहुरि न आँवौं हट्ट॥12॥

ग्यान प्रकास्या गुर मिल्या, सो जिनि बीसरिं जाइ।
जब गोबिन्द कृपा करी, तब गुर मिलिया आइ॥13॥

कबीर गुर गरवा मिल्या, रलि गया आटैं लूँण।
जाति पाँति कुल सब मिटे, नाँव धरौगे कौण॥14॥

जाका गुरभी अन्धला, चेला खरा निरन्ध।
अन्धा अन्धा ठेलिया, दून्यूँ कूप पड़न्त॥15॥

नाँगुर मिल्या न सिष भया, लालच खेल्या डाव।
दून्यूँ बूड़े धार मैं, चढ़ि पाथर की नाव॥16॥

चौसठि दीवा जोइ करि, चौदह चन्दा माँहि।
तिहिं धरि किसकौ चानिणौं, जिहि घरि गोबिन्द नाँहि॥17॥

निस अँधियारी कारणैं, चौरासी लख चन्द।
अति आतुर ऊदै किया, तऊ दिष्टि नहिं मन्द॥18॥

भली भई जु गुर मिल्या, नहीं तर होती हाँणि।
दीपक दिष्टिं पतंग ज्यूँ, पड़ता पूरी जाँणि॥19॥

माया दीपक नर पतँग, भ्रमि भ्रमि इवै पड़न्त।
कहै कबीर गुर ग्यान थैं, एक आध उबरन्त॥20॥

पद

दुलहनी गावहु मंगलचार,
हम घरि आये हो राजा राम भरतार॥टेक॥
तन रत करि मैं मन रत करिहूँ, पंचतत्त बराती।
रॉमदेव मोरैं पाँहुनैं आये मैं जोबन मैं माती॥
सरीर सरोवर बेदी करिहूँ, ब्रह्मा वेद उचार॥
रॉमदेव सँगि भाँवरी लैहूँ, धनि धनि भाग हमार॥
सुर तेतीसूँ कौतिग आये, मुनिवर सहस अठ्यासी।
कहै कबीर हँम ब्याहि चले हैं, पुरिष एक अबिनासी॥1॥

बहुत दिनन थैं मैं प्रीतम पाये,
भाग बड़े घरि बैठे आये ॥टेक॥
मंगलचार माँहि मन राखौं, राम रसाँइण रसना चापौं।
मन्दिर माँहि भयो उजियारा, ले सूतो अपनाँ पीव पियारा।
मैं रनि राती जे निधि पाई, हमहिं कहाँ यह तुमहि बड़ाई।
कहै कबीर मैं कछु न कीन्हा सखी सुहाग रॉम मोहि दीन्हा॥2॥

अब तोहि जाँन न देहूँ राम पियारे,
ज्यूँ भावै त्यूँ होह हमारे ॥ टेक ॥
बहुत दिनन के बिछुरे हरि पाये, भाग बड़े घरि बैठे आये॥
चरननि लागि करौं बरियायी, प्रेम प्रीति राखौं उरझाई।
इत मन मन्दिर रहौ नित चोषै, कहै कबीर परहु मति धोषै॥3॥

मन के मोहन बीठुला, यह मन लागौ तोहि रे।
चरन कँवल मन माँनियाँ, और न भावै मोहि रे॥टेक॥

षट दल कँवल निवासिया, चहु कौं फेरि मिलाँइ रे।
दहुँ के बीचि समाधियाँ, तहाँ काल न पासैं आइ रे॥
अष्ट कँवल दल भीतरा, तहाँ श्रीरंग केलि कराइ रे।
सतगुर मिलै तौ पाइये नहिं तौं जन्म अक्यारथ जाइ रे॥
कदली कुसुम दल भीतराँ, तहाँ दस आँगुल का बीच रे।
तहाँ दुवादस खोजि ले जनम होत नहीं मीच रे॥
बंक नालि के अंतरै, पछिम दिसाँ की बाट रे।
नीझर झरै रस पीजिये, तहाँ भँवर गुफा के घाट रे॥
त्रिवेणी मनाइ न्हवाइए सुरति मिलै जौ हाथि रे।
तहाँ न फिरि मघ जोइए सनकादिक मिलिहैं साथि रे॥
गगन गरजि मघ जोइये, तहाँ दीसैं तार अनन्त रे।
बिजुरी चमकि घन बरषिहै, तहाँ भीजत हैं सब सन्त रे॥
षोडस कँवल जब चेतिया, तब मिलि गये श्री बनवारि रे।
जुरामरण भ्रम भाजिया, पुनरपि जनम निवारि रे॥
गुर गमि तैं पाइए झंषि मरे जिनि कोइ रे।
तहीं कबीरा रमि रह्या सहज समाधी सोइ रे॥4॥

गोकल नाइक बीठुला, मेरौं मन लागौ तोहि रे।
बहुतक दिन बिछुरै भये, तेरी औसेरि आवैं मोहि रे॥टेक॥
करम कोटि कौ ग्रेह रच्यौ रे, नेह कये की आस रे।
आपहिं आप बँधाइया, द्वै लोचन मरहिं पियास रे॥
आपा पर संमि चीन्हिये, दीसैं सरब सँमान।
इहि पद नरहरि भेटिये, तूँ छाँड़ि कपट अभिमाँन रे॥
नाँ कलहूँ चलि जाइये नाँ सिर लीजैं भार।
रसनाँ रसहि बिचारिये, सारंग श्रीरंग धार रे॥
साधैं सिधि ऐसी पाइये, किंबा होइ महोइ।
जे दिठ ग्याँन न ऊपजैं, तौ अहुटि रहै जिनि कोइ रे॥
एक जगति एकैं मिलैं किंबा जोग कि भोग।
इन दून्यूँ फल पाइये, राँम नाम सिधि जोग रे॥
प्रेम भगति ऐसी कीजिये, मुखि अंमृत बरिषैं चन्द रे।
आपही आप बिचारिये, तब केता होइ अनन्द रे॥
तुम्ह जिनि जानौं गीत है, यहू निज ब्रह्म बिचार।
केवल कहि समझाइया, आतम साधन सार रे॥

चरन कँवल चित लाइये, राँम नाँम गुन गाइ।
कहै कबीर मंसा नहीं, भगति मुकति गति पाइ रे॥5॥

अब मैं राम सकल सिधि पाई
आन कहूँ तौ राम दुहाई॥टेक॥
इह बिधि बसि सबैं रस दीठा, राम नाँम सा और न मीठा।
और रस है कफगाता, हरिरस अधिक अधिक सुखराता॥
दूजाँ बणज नहीं कछु बाषर, राँम नाँम दोऊ तत आषर।
कहैं कबीर हरिरस भोगी, ताकौं मिल्या निरंजन जोगी॥6॥

अब मैं पाइबौ रे पाइबौ ब्रह्म गियान,
सहज समाधें सुख में रहिबौ, कोटि कलप विश्राम॥टेक॥
गुर कृपाल कृपा जब कीन्हीं, हिरदै कँवल बिगासा।
भागा भ्रम दसौं दिस सुझ्या, परम जोति प्रकासा॥
मृतक उठ्या धनक कर लीयै, काल अहेड़ी भाषा।
उदय सूर निस किया पयाँनाँ, सोवत थैं जब जागा॥
अविगत अकल अनूपम देख्या, कहताँ कह्या न जाई।
सैन करै मन ही मन रहसै, गूँगै जाँनि मिठाई॥
पहुप बिनाँ एक तरवर फलिया, बिन कर तूर बजाया।
नारी बिना नीर घट भरिया, सहज रूप सो पाया।
देखत काँच भया तन कंचन, बिना बानी मन माँनाँ।
उड़्या बिहंगम खोज न पाया, ज्यूँ जल जलहि समाँनाँ।
पूज्या देव बहुरि नहीं पूजौं न्हाये उदिक न नाँउँ।
भागा भ्रम ये कही कहताँ, आये बहुरि न आँउँ॥
आपै मैं तब आया निरष्या, अपन पैं आपा सूझ्या।
आपै कहत सुनत पुनि अपनाँ, अपन पैं आपा बूझ्या॥
अपनै परचे लागी तारी, अपन पैं आप समाँनाँ।
कहै कबीर जे आप बिचारे, मिटि गया आवन जाँनाँ॥7॥

नरहरि सहजैं हीं जिनि जाँनाँ।
गत फल फूल तत तर पलव, अंकूर बीज नसाँनाँ॥टेक॥
प्रकट प्रकास ग्याँन गुरगमि थैं, ब्रह्म अगनि प्रजारी।

ससि हरि सूर दूर दूरंतर, लागी जोग जुग तारी।
उलटे पवन चक्र षट बेधा, मेर डंड सरपूरा॥
गगन गरजि मन सुनि समाँनाँ, बाजे अनहद तूरा।
सुमति सरीर कबीर बिचारी, त्रिकुटी संगम स्वामी॥
पद आनन्द काल थे छूटै, सुख मैं सुरति समाँनी॥8॥

मन रे मन ही उलटि समाँना।
गुर प्रसादि अकलि भई तोकौं नहीं तर था बेगाँनाँ॥टेक॥
नेड़ै थैं दूरि दूर थैं नियरा, जिनि जैसा करि जाना।
औ लौ ठीका चढ्या बलीडैं, जिनि पीया तिनि माना॥
उलट पवन चक्र षट बेधा, सुनि सुरति लै लागी।
अमर न मरै मरै नहीं जीवे, ताहि खोजि बैरागी॥
अनभै कथा कवन सो कहिये, है कोई चतुर बिवेकी।
कहै कबीर गुर दिया पलीता, सौ झल बिरलै देखी॥9॥

इहि तत राम जपहु रे प्राँनी, बुझौ अकथ कहाँणी।
हरि का भाव होइ जा ऊपरि जाग्रत रैनि बिहानी॥टेक॥
डाँइन डारै, सुनहाँ डोरै, स्यंघ रहैं बन घेरै।
पंच कुटंब मिलि झुझन लागे, बाजत सबद संघेरै॥
रोहै मृग ससा बन घेरे, पारधी बाँण न मेलै।
सायर जलै सकल बन दाझै, मंछ अहेरा खेलै॥
सोई पण्डित सो तत ज्ञाता, जो इहि पदहि बिचारै।
कहै कबीर सोइ गुर मेरा, आप तिरै मोहि तारै॥10॥

अवधू ग्यान लहरि धुनि माँडी रे।
सबद अतीत अनाहद राता, इहि बिधि त्रिष्णाँ षाँडी॥टेक॥
बन कै ससै समन्द पर कीया मंछा बसै पहाड़ी।
सुई पीवै बांम्हण मतवाला, फल लागा बिन बाड़ी।
षाड बुणैं कोली मैं बैठी, मैं खूँटा मैं गाढ़ी।
ताँणे बाणे पड़ी अनँवासी, सूत कहै बुणि गाढ़ी॥
कहैं कबीर सुनहु रे सन्तौ, अगम ग्याँन पद माँही।
गुरु प्रसाद सुई कै नाँकै, हस्ती आवें जाँही॥11॥

एक अचम्भा देखा रे भाई,
ठाड़ा सिंघ चरावै गाई॥टेक॥

पहलैं पूत पीछे भई माँई, चेला कै गुरु लागै पाई।
जल की मछली तरवर ब्याई, पकरि बिलाई मुरगै खाई॥
बैलहि डारि गूंनि घरि आयी, कुत्ता कूँ लै गयी बिलाई॥
तलिकरि साषा ऊपरिकरि मूल बहुतभाँति जड़ लागे फूल।
कहै कबीर या पद को बूझै, ताँकू तीन्यूँ त्रिभुवन सूझै॥12॥

हरि के षारे वड़े पकाये, जिनि जारे तिनि पाये।
ग्याँन अचेत फिरैं नर लोई, ता जनमि जनमि डहकाए॥टेक॥
धौल मन्दलिया बैल रबाबी, कऊवा ताल बजावै।
पहरि चोलना गादह नाचै, भैसाँ निरति कहावै॥
स्यंघ बैठा पान कतरै, घूँस गिलौरा लावै॥
उंदरी बपुरी मंगल गावै, कछु एक आनन्द सुनावै॥
कहै कबीर सुनहुँ रे सन्तौ, गडरी परबत खावा।
चकवा वैसि अँगारे निगले, समन्द आकासा धावा॥13॥

चरखा जिनि जरे।
कतौंगी हजरी का सूत, नणद के भइया की सौं॥टेक॥
जलि जाई थलि ऊपजी, आयी नगर मैं आप।
एक अचम्भा देखिया, बिटिया जायो बाप॥
बाबल मेरा ब्याह करि, बर उत्यम ले चाहि।
जब लगि बर पावै नहीं, तब लग तूँ ही ब्याहि॥
सुबधी कै घरि लुबधी आयौ, आन बहू कै भाइ।
चूल्हे अगनि बताइकरि, फल सौ दीयौ ठठाइ॥
सब जगही मर जाइयौ, एक बड़इया जिनि मरै।
सब राँडनि कौ साथ चरषा को धरै॥
कहै कबीर सो पण्डित ग्याता जो या पदही बिचारै।
पहलै परच गुर मिलै तौ पीछैं सतगुर तारै॥14॥

अब मोहि ले चलि नणद के बीर, अपनै देसा।
इन पंचनि मिलि लूटी हूँ, कुसंग आहि बदेसा॥टेक॥
गंग तीर मोरी खेती बारी, जमुन तीर खरिहानाँ।
सातौं बिरही मेरे नीपजै, पंचूँ मोर किसानाँ।
कहै कबीर यह अकथ कथा है कहताँ कही न जाई।
सहज भाइ जिहिं ऊपजै, ते रमि रहे समाई॥15॥

अब हम सकल कुसल करि माँनाँ,
स्वाँति भई तब गोब्यंद जाँनाँ॥टेक॥
तन मैं होती कोटि उपाधि, भई सुख सहज समाधि॥
जम थैं उलटि भये है राँम, दुख सुख किया विश्राँम॥
बैरी उलटि भये हैं मीता साषत उलटि सजन भये चीता॥
आपा जानि उलटि ले आप, तौ नहीं ब्यापै तीन्यूँ ताप॥
अब मन उलटि सनातन हूवा, तब हम जाँनाँ जीवत मूवा॥
कहै कबीर सुख सहज समाऊँ, आप न डरौं न और डराऊँ॥16॥

सन्तौ भाई आयी ग्याँन की आँधी रे।
भ्रम की टाटी सबै उड़ाँणी; माया रहै न बाँधी॥टेक॥
हिति चित की द्वै थूँनीं गिराँनीं, मोह बलिंडा टूटा।
त्रिस्नाँ छाँनि परि घर ऊपरि, कुबधि का भाँडाँ फूटा॥
जोग जुगति करि सन्तौ बाँधी, निरचू चुवै न पाँणीं।
कूड़कपट काया का निकस्या, हरि की गति जब जाँणी।
आँधी पीछैं जो जल बूठा, प्रेम हरि जन भींनाँ।
कहै कबीर भाँन के प्रगटे उदित भया तम षींनाँ॥17॥

अब घटि प्रगट भये राँम राई,
साधि सरीर कनक की नाँई॥टेक॥
कनक कसौटी जैसे कसि लेइ सुनारा; सोधि सरीर भयो तन सारा॥
उपजत उपजत बहुत उपाई, मन थिर भयो तबै तिथि पाई॥
बाहरि पोजत जनम गँवाया, उनमनी ध्याँन घट भीतरि पाया।
बिन परचै तन काँच कबीरा, परचैं कंचन भया कबीरा॥18॥

हिंडोलनाँ तहाँ झूलें आतम राँम।
प्रेम भगति हिंडोलनाँ, सब सन्तनि कौ विश्राम ॥टेक॥
चन्द सूर' दोइ खम्भवा, बंक नालि की डोरि।
झूलें पंच पियारियाँ; तहाँ झूलै जीय मोर॥
द्वादस गम के अंतरा, तहाँ अमृत कौं ग्रास।
जिनि यह अमृत चाषिया, सो ठाकुर हँम दास॥
सहज सुँनि कौ नेहरौ गगन मण्डल सिरिमौर।

दोऊ कुल हम आगरी, जो हम झूलैं हिंडोल॥
अरध उरध की गंगा जमुना, मूल कवल कौ घाट।
षट चक्र की गागरी, त्रिवेणी संगम बाट॥
नाद व्यंद की नावरी, राँम नाम कनिहार।
कहै कबीर गुंण गाइ ले, गुर गँमि उतरौ पार॥19॥

कौ बीनै प्रेम लागी री, माई कौ बीन।
राँम रसाँइण मातेरी, माई को बीनैं ॥टेक॥
पाई पाई तूँ पुतिहाई, पाई की तुरियाँ बेचि खाई री, माई को बीनैं॥
ऐंसै पाई पर बिथुराई, त्यूँ रस आँनि बनायौ री, माई को बीनैं।
नाचैं ताँनाँ नाचैं बाँनाँ, नाचैं कूँच पुराना री, माई को बीनैं॥20॥

मैं बुनि करि सिराँनाँ हो राम,
नालि करम नहीं, ऊबरे ॥टेक॥
दखिन कूट जब सुनहाँ झूका, तब हम सुगन बिचारा।
लरके परके सब जागत हैं हम घरि चोर पसारा हो राँम॥
ताँनाँ लीन्हाँ बाँनाँ लीन्हाँ, लीन्हे गोड के पऊवा।
इत उत चितवत कठवन लीन्हाँ, माँस चलवना डऊवा हो राँम।
एक पग दोई पग त्रेपग, सँध सधि मिलाई।
करि परपंच मोट बँधि आये, किलिकिलि सबै मिटाई हो राँम॥
ताँनाँ तनि करि बाँनाँ बुनि करि, छाक परी मोहि ध्यान।
कहै कबीर मैं बुनि सिराँनाँ जानत है भगवाँनाँ हो राँम॥21॥

मलिक मुहम्मद जायसी

हिन्दी साहित्य के मुसलमान सूफी कवियों में जायसीं का प्रमुख स्थान है। इनका जन्म सन् 1492 में रायबरेली के जायस नामक स्थल पर हुआ था। ये अभी छोटी ही आयु के थे, जब इनके माता-पिता का देहान्त हो गया। साधु-फकीरों की संगति में इनका बाल्यकाल बीता। इन्हीं की संगति में जायसी की काव्य प्रतिभा भी विकसित हुई। अमेठी के महाराजा इनका बहुत आदर करते थे।

जायसी ने पद्मावत, अखरावट और आखिरी कलाम नामक रचनाएँ लिखी हैं। पद्मावत इनका प्रसिद्ध प्रेमाख्यान काव्य है। यह प्रबन्ध काव्य मसनवी शैली में लिखा गया है तथा हिन्दी साहित्य का प्रसिद्ध सूफी काव्य माना जाता है। इस कृति को भारतीय प्रेमाख्यान परम्परा का काव्य भी स्वीकार किया गया है। पद्मावत रचना में रत्नसेन, पद्मावती और नागमती की जीवन कथा परम्परागत प्रेमाख्यान लेखन परम्परा की पद्धति में रची गयी है। पद्मावत को अन्योक्ति, समासोक्ति अथवा प्रतीकात्मक काव्य माना गया है।

आचार्य रामचन्द्र शुक्ल ने जायसी के रहस्यवाद को भावनात्मक रहस्यवाद माना है। नागमती के वियोग का वर्णन करते समय जायसी ने स्वयं को महान कवि के रूप में स्थापित कर दिया है। पद्मावती के शृंगार वर्णन में संयोग पक्ष को भी अत्यन्त काव्यमय ढंग से प्रस्तुत किया है। जायसी का पद्मावत काव्य सूफी प्रेमाख्यानों अथवा भारतीय प्रेमाख्यानों की परम्परा में बेजोड़ रहा है। जायसी की भाषा जन अवधी रही है। इनकी काव्य भाषा की प्रमुख विशेषता यह है कि जनभाषा में होते हुए भी ऊँची साहित्यिकता का गुण सँजो दिया गया है। पद्मावत की तुलना में कोई भी दूसरा प्रेमाख्यान काव्य इतनी प्रसिद्धि प्राप्त नहीं कर सका है। सन् 1545 ई. में जायसी जी का देहावसान हो गया।

सिंहलद्वीप वर्णन खण्ड

सिंघलद्वीप कथा अब गावौं। औ सो पदमिनि बरनि सुनावौं ॥
निरमल दरपन भाँति बिसेखा। जो जेहि रूप सो तैसइ देखा ॥
धनि सो दीप जहँ दीपक बारी। औ पदमिनि जो दई सँवारी ॥
सात दीप बरनै सब लोगू। एकौ दीप न ओहि सर जोगू ॥
दियादीप नंहि तस उँजियारा। सरनदीप सर होइ न पारा ॥
जम्बूदीप कहौं तस नाहीं। लंकदीप सरि पूज न छाहीं॥
दीप गभस्थल आरन परा। दीप महुस्थल मानुस हरा ॥
सब संसार परथमैं आये सातौं दीप।
एक दीप नंहि उत्तिम सिंघलदीप समीप॥1॥

गध्रबसेन सुगन्ध नरेसू। सो राजा, वह ताकर देसू॥
लंका सुना जो रावन राजू। तेहु चाहि बड़ ताकर साजू॥
छप्पन कोटि कटक दल साजा। सबै छत्रपति औ गढ़ राजा॥
सोरह सहस घोड़ घोड़सारा। स्यामकरन अरु बाँक तुखारा॥
सात सहस हस्ती सिंघली। जनु कबिलास एरावत बली॥
अस्वपतिक सिरमौर कहावै। गजपतीक आंकुस गज नावै॥
नरपतीक कहँ और नरिंदू? भूपतीक जग दूसर इंदू॥
एस चक्कवै राजा चहूँ खण्ड भय होइ।
सबै आइ सिर नावहिं सरवरि करै न कोइ॥2॥

धन अमराउ लाग चढँ पासा। उठा भूमि हुत लानि अकासा॥
तरिवर सबै मलयगिरि लाई। भइ जग छाँह रैनि होइ आयी ॥
मलय समीर सोहावन छाहाँ। जेठ जाड़ लागै तेहि माहाँ॥
ओही छाँह रैनि होइ आवै। हरियर सबै अकास देखावै॥
पथिक जो पहुँचै सहि कै घामू। दुख बिसरै, सुख होइ बिसरामू॥
जेइ वह पाई छाँह अनूपा। फिरि नहिं आइ सहै यह धूपा॥
अस अमराउ सघन घन बरनि न पारौं अन्त।

फूलै फरै छवौ ऋतु, जानहु सदा बसन्त॥3॥
फरे आँव अति सघन सोहाए। औ जस फरे अधिक सिर नाए॥
कटहर डार पींड सन पाके। बड़हर, सो अनूप अति ताके॥
खिरनी पाकि खांड़ अस मीठी। जामुन पाकि भँवर अति डीठी॥
नरियर फरे फरी फरहरी। फुरै जानु इन्द्रासन पुरी॥
पुनि महुआ चूअ अधिक मिठासू। मधु जस मीठ पुहुप जस बासू॥
और खजहजा अनबन नाऊ। देखा सब राउन अमराऊ॥
लाग सबै जस अमृत साखा। रहै लोभाइ सोइ जो चाखा॥
लवँग सुपारी जायफल सब फर फरे अपूर।
आसपास घन इमिली औ घन तार खजूर॥4॥
बसहिं पंखि बोलहिं बहु भाखा। करहिं हुलास देखि के साखा॥
भोर होत बोलहिं चुहचूही। बोलहिं पाँडुक 'एकै तूही'॥
सारौं सुआ जो रहचह करहीं। कुरहि परेवा औ करबरहीं॥
'पीव पीव' कर लाग पपीहा। 'तुही तुही' कर गडुरी जीहा॥
'कुहु कुहू' करि कोइल राखा। औ भिंगराज बोल बहु भाखा॥
'दही दही' करि महरि पुकारा। हारिल बिनवै आपन हारा॥
कुहुकहिं मोर सोहावन लागा। होइ कुराहर बोलहिं कागा॥
जावत पंखी जगत के भरि बैठे अमराउँ।
आपनि आपनि भाषा लेहिं दई कर नाऊँ॥5॥
पैग पैग पर कुआँ बावरी। साजी बैठक और पाँवरी॥
और कुण्ड बहु ठावहिं ठाऊँ। औ सब तीरथ तिन्ह के नाऊँ॥
मठ मण्डप चहुँ पास सँवारे। तपा जपा सब आसन मारे॥
कोइ सु ऋषीसुर, कोइ सन्यासी। कोई रामजती बिसवासी॥
कोई ब्रह्मचार पथ लागे। कोइ सो दिगम्बर बिचरहि नाँगे॥
कोई सु महेसुर जंगम जती। कोइ एक परखै देवी सती॥
कोइ सुरसती कोई जोगी। कोइ निरास पथ बैठ बियोगी॥
सेवरा, खेवरा, बानपर, सिध साधक, अवधूत।
आसन मारे बैठ सब जारि आतमा भूत॥6॥
मानसरोदक बरनौं काहा। भरा समुद अस अति अवगाहा॥
पानि मोति अह निरमल तासू। अमृत आनि कपूर सुबासू॥
लंकदीप कै सिला अनाई। बाँधा सरवर घाट बनाई॥
खँड खँड सीढ़ी भई गरेरी। उतरहिं चढ़हिं लोग चहुँ फेरी॥
फूला कँवल रहा होइ राता। सहस सहस पखुरिन कर छाता॥
उलथहिं सीप, मोति उतराहीं। चुगहिं हंस औ केलि कराहीं॥
खनि पतार पानी तहँ काढ़ा। छीर समुद निकसा हुत बाढ़ा॥

ऊपर पाल चहूँ दिसि, अमृत फल सब रूख।
देखि रूप सरवर कै गै पियास औ भूख ॥7॥

पानि भरे आवहिं पनिहारी। रूप सुरूप पदमिनी नारी॥
पदुमगन्ध तिन्ह अंग बसाहीं। भँवर लागि तिन्ह संग फिराहीं॥
लंकसिंघिनी, सारंगनैनी। हंसगामिनी कोकिलबैनी।
आवहिं झुण्ड सो पाँतिहि पाँती। गवन सोहाइ सु भाँतिहि भाँती॥
कनक कलस मुखचन्द दिपाहीं। रहस केलि सन आवहिं जाहीं॥
जा सहुँ वै हेरैं चख नारी। बाँक नैन जनु हनहिं कटारी॥
केस मेघावर सिर ता पाईं। चमकहिं दसन बीजु कै नाईं॥
माथे कनक गागरी आवहिं रूप अनूप॥
जेहि के अस पनिहारी सो रानी केहि रूप ॥8॥

ताल तलाब बरनि नहिं जाहीं। सूझै बार पार किछु नाहीं॥
फूले कुमुद सेत उजियारे। मानहुँ उए गगन महँ तारे॥
उतरहिं मेघ चढ़हिं लेइ पानी। चमकहिं मच्छ बीजु कै बानी॥
पौरहिं पंख सुसंगहिं संगा। सेत पीत राते बहु रंगा॥
चकई चकवा केलि कराहीं। निसि के बिछोह, दिनहिं मिलि जाहीं॥
कुररहिं सारस करहिं हुलासा। जीवन मरन सो एकहिं पासा॥
बोलहि सोन ढेक बनलेदी। रही अबोल मौन जल भेदी॥
नग अमोल तेहि तालहिं दिनहिं बरहिं जस दीप।
जो मरजीया होइ तहँ सो पावै वह सीप ॥9॥

आस पास बहु अमृत बारी। फरी अपूर होइ रखवारी॥
नारँग नींबू सुरंज जंभीरा। और बदाम बहु भेद अँजीरा॥
गलगल तुरँग सदाफर फरे। नारँग अति राते रस भरे॥
किसमिस सेव फरे नौ पाता। दारिउँ दाख देखि मन राता॥
लागि सुहाई हरफारयोरी। उनै रही केरा कै घौरी॥
फरे तूत कमरख औ न्यौजी। रायकरौंदा बेर चिरौंजी॥
संगतरा व छुहारा दीठे। और खजहजा खाटे मीठे॥
पानि देहिं खँड़बानी कुवहिं खाँड़ बहु मेलि।
लागी घरी रहट के सींचहि अमृतबेलि॥10॥

पुनि फुलवारि लागि चहुँ पासा। बिरिछ बेधि चन्दन भइ बासा॥
बहुत फूल फूली घनबेली। केवड़ा चंपा कुंद चमेली॥
सुरँग गुलाल कदम औ कूजा। सुगँध बकौरी गंध्रब पूजा॥
जाही जूही बगुचन लावा। पुहुप सुदरसन लाग सुहावा॥
नागेसर सदबरग नेवारी। औ सिंगारहार फुलवारी॥

सोनजरद फूली सेवती। रूपमंजरी और मालती॥
मौलसिरी बेइलि औ करना। सबै फूल फूले बहु रना॥
तेहिं सिर फूल चढ़हिं वै जेहि माथे मनि भाग।
आछहिं सदा सुगन्ध बहु जनु बसन्त औ फाग॥11॥
सिंघलनगर देखु पुनि बसा। धनि राजा अस जे कै दसा॥
ऊँची पौरी ऊँच अवासा। जनु कैलास इन्द्र कर बासा॥
राव रंक सब घर घर सुखी। जो दीखै सो हँसता मुखी॥
रचि रचि साजे चन्दन चौरा। पोतें अगर भेद औ गौरा॥
सब चौपारहिं चन्दन खँभा। ओठँधि सभापति बैठे सभा॥
मनहुँ सभा देवतन्ह कर जुरी। परी दीठि इन्द्रासन पुरी॥
सबै गुनी औ पण्डित ज्ञाता। संसकिरित सबके मुख बाता॥
अस कै मँदिर सँवारे, जनु सिवलोक अनूप।
घर घर नारि पदमिनी, मोहहिं, दरसन रूप॥12॥
पुनि देखी सिंघल कै हाटा। नवौ निद्धि लछिमी सब बाटा॥
कनक हाट सब कुहकुहँ लीपी। बैठ महाजन सिंघलदीपी॥
रचहिं हथौड़ा रूपन ढारी। चित्र कटाव अनेक सँवारी॥
सोन रूप भल भयऊ पसारा। धवल सिरी पोतहिं घर बारा॥
रतन पदारथ मानिक मोती। हीरा लाल सो अनबन जोती॥
औ कपूर बेना कस्तूरी। चन्दन अगर रहा भरपूरी॥
जिन्ह एहि हाट न लीन्ह बेसाहा। ता कहँ आन हाट कित लाहा।
कोई करै बेंसाहनी, काहू केर बिकाइ।
कोई चलै लाभ सन, कोई मूर गँवाइ॥13॥
पुनि सिंगारहाट भल देसा। किए सिँगार बैठीं तहँ बेसा॥
मुख तमोल, तन चीर कुसुंभी। कानन कनक जड़ाऊ खुंभी॥
हाथ बीन सुनि मिरिग भुलाहीं। नर मोहहिं सुनि, पैग न जाहीं॥
भौंह धनुष, तिन्ह नैन अहेरी। मारहिं बान सान सौं फेरी॥
अलक कपोल डोल, हँसि देहीं। लाइ कटाछ मारि जिउ लेहीं॥
कुच कंचुक जानौ जुग सारी। अंचल देहिं सुभावहिं ढारी॥
केत खिलार हारि तेहि पासा। हाथ झारि उठि चलहिं निरासा॥
चेटक लाइ हरहिं मन, जब लहि होइ गथ फेंट।
साँठ नाठि उठि भए बटाऊ, ना पहिचानि न भेंट॥14॥
लेइ के फूल बैठि फुलवारी। पान अपूरब धरे सँवारी॥
सोंधा सबै बैठ लै गाँधी। फूल कपूर खिरौरी बाँधी॥
कतहूँ पण्डित पढ़हिं पुरानू। धरमपन्थ कर करहिं बखानू॥

कतहूँ कथा कहै किछु कोई। कतहुँ नाच कूद भल होई॥
कतहुँ चिरहटा पंखी लावा। कतहुँ पखंडी काठ नचावा॥
कतहुँ नाद सबद होइ भला। कतहूँ नाटक चेटक-कला॥
कतहुँ काहु ठगबिद्या लाई। कतहुँ लेहिं मानुष बौराई॥
चरपट चोर गँठिछोरा मिले रहहिं ओहि नाच।
जो ओहि हाट सजग भा गथ ताकर पै बाँच॥15॥

पुनि आए सिंहल गढ़ पासा। का बरनौ जनु लाग अकासा॥
तरहिं करिन्ह बासुकि कै पीठी। ऊपर इन्द्रलोक पर दीठी॥
परा खोह चहुँदिहि अस बाँका। काँपै जाँघ, जाइ नहिं झाँका॥
अगम असूझ देखि डर खाई। परै सो सपत पतारहिं जाई॥
नव पौरी बाँकी, नवखंडा। नवौ जो चढ़े जाइ बरम्हंडा॥
कंचन कोट जरे नग सीसा। नखतहिं भरी बीजु जनु दीसा॥
लंका चाहि ऊँच गढ़ ताका। निरखि न जाइ दीठि तन थाका॥
हिय न समाइ दीठि नहिं जानहुँ ठाढ़ सुमेर।
कहँ लगि कहौं उँचाई, कहँ लगि बरनौ फेर॥16॥

नित गढ़ बाँचि चलै ससि सूरू। नाहिं त होइ बाजि रथ चूरू॥
पौरी नवौ बज्र कै साजी। सहस सहस तहँ बैठे पाजी॥
फिरहिं पाँच कोतवार सुभौंरी। काँपै पावै चपत वह पौरी॥
पौरिहि पौरि सिंह गढ़ि काढ़े। डरपहिं लोग देखि तहँ ठाढ़े॥
बहुविधान वै नाहर गढ़े। जनु गाजहिं, चाहहिं सिर चढ़े॥
टारहिं पूँछ, पसारहिं जीहा। कुंजर डरहिं कि गुंजरि लीहा॥
कनक-सिला गढ़ि सीढ़ी लाईं। जगमगाहिं गढ़ ऊपर ताईं॥
नवौ खंड नव पौरी, औ तहँ वज्रकेवार।
चारि बसेरे सौं चढ़ै, सत सौं उतरै पार॥17॥

नव पौरी पर दसवँ दुवारा। तेहि पर बाज राज घरियारा॥
घरी सो बैठि गनै घरियारी। पहर पहर सो आपनि बारी॥
जबहीं घरी पूजि तेइँ मारा। घरी घरी घरियार पुकारा॥
परा जो डाँड़ जगत सब डाँड़ा। का निचिंत माटी कर भाँड़ा?॥
तुम्ह तेहि चाक चढ़े हो काँचे। आएहु रहै न थिर होइ बाँचे॥
घरी जो भरी घटी तुम्ह आऊ। का निचिंत होइ सोउ बटाऊ?॥
पहरहिं पहर गजर निति होई। हिया बजर, मन जाग न सोई॥
मुहम्मद जीवन जल भरन, रहँट-घरी कै रीति।
घरी जो आयी ज्यों भरी, ढरी, जनम गा बीति॥18॥

गढ़ पर नीर खीर दुइ नदी। पनिहारी जैसे दुरपदी॥
और कुंड एक मोतीचूरू। पानी अमृत, कीच कपूरू॥
ओहि क पानि राजा पै पीया। बिरिध होइ नहिं जौ लहि जीया॥
कंचन-बिरिछ एक तेहि पासा। जैस कलपतरु इन्द्र कबिलासा॥
मूल पतार, सरग ओहि साखा। अमरबेलि को पाव को चाखा?॥
चाँद पात औ फूल तराईं। होइ उजियार नगर जहँ ताईं॥
वह फल पावै तप करि कोई। बिरिध खाइ तौ जोबन होई॥
राजा भए भिखारी सुनि वह अमृत भोग।
जेइ पावा सो अमर भा, ना किछु ब्याधि न रोग॥19॥

गढ़ पर बसहिं चार गढ़पती। असुपति, गजपति, भू-नर-पती॥
सब धौराहर सोने साजा। अपने अपने घर सब राजा॥
रूपवंत धनवंत सभागे। परस पखान पौरि तिन्ह लागे॥
भोग-विलास सदा सब माना। दुख चिन्ता कोइ जनम न जाना॥
मँदिर मँदिर सब के चौपारी। बैठि कुँवर सब खेलहि सारी॥
पासा ढरहिं खेल भल होई। खड़गदान सरि पूज न कोई॥
भाँट बरनि कहि कीरति भली। पावहिं हस्ति घोड़ सिंघली॥
मँदिर मँदिर फुलवारी, चोवा चन्दन बास।
निसि दिन रहै बसन्त तहँ छवौ ऋतु बारह मास॥20॥

पुनि चलि देखा राज दुआरा। मानुष फिरहिं पाइ नहिं बारा॥
हस्ति सिंघली बाँधे धारा। जनु सजीव सब ठाढ़ पहारा॥
कौनौ सेत पीत रतनारे। कौनौ हरे, धूम, औ कारे॥
बरनहिं, बरन गगन जस मेघा। औ तिन्ह गगन पीठि जनु ठेघा॥
सिंघल के बरनौ सिंघली। एक एक चाहि एक एक बली॥
गिरि पहार वै पैगहि पेलहिं। बिरिछ उचारि डारि मुख मेलहिं॥
माते तेइ सब गरजहिं बाँधे। निसि दिन रहहिं महाउत काँधे॥
धरती भार न अँगवै, पाँव धरत उठ हालि।
कुरुम टुटै, भुइँ फाटै तिन हस्तिन्ह के चालि॥21॥

पुनि बाँधे रजवार तुरंगा। का बरनौ जस उन्हकै रंगा॥
लील, समंद चाल जग जाने। हाँसुल, भौंर गियाह बखाने॥
हरे, कुरंग, महुअ बहु भाँती। गरर, कोकाह, बुलाह सु पाँती॥
तीख तुखार चाँड़ औ बाँके। सँचरहि पौरि ताज बिनु हाँके॥
मन तें अगमन डोलहिं बागा। लेत उसास गगन सिर लागा॥
पौन समान समुद पर धावहिं। बूड़ न पाँव, पार होइ आवहिं॥
थिर न रहहिं, रिस लोह चबाहीं। भाँजहिं पूँछ, सीस उपराहीं॥

अस तुखार सब देखे जनु मन के रथवाह।
नैन पलक पहुँचावहिं जहँ पहुँचा कोइ चाह॥22॥

राजसभा पुनि देख बईठी। इन्द्रसभा जनु परिगै डीठी॥
धनि राजा असि सभा सँवारी। जानहु फूलि रही फुलवारी॥
मुकुट बाँधि सब बैठे राजा। दर निसान नित जिन्हके बाजा॥
रूपवंत, मनि दिपै लिलाटा। माथे छात, बैठ सब पाटा॥
मानहुँ कँवल सरोवर फूले। सभा क रूप देखि मन भूले॥
पान कपूर मेद कस्तूरी। सुगँध बास भरि रही अपूरी॥
माँझ ऊँच इन्द्रासन साजा। गंध्रबसेन बैठ तहँ राजा॥
छत्र गगन लगि ताकर, सूर तवै जस आप।
सभा कँवल अस बिगसै, माथे बड़ परताप॥23॥

साजा राजमँदिर कैलासू। सोने कर सब धरति अकासू॥
सात खंड धौराहर साजा। उहै सँवारि सकै अस राजा॥
हीरा ईंट, कपूर गिलावा। औ नग लाइ सरग लै लावा॥
जावत सबै उरेह उरेहे। भाँति भाँति नग लाग उबेहे॥
भा कटाव सब अनवत भाँती। चित्र कोरि कै पाँतिहिं पाँती॥
लाग खंभ-मनि-मानिक जरे। निसि दिन रहहिं दीप जनु बरे॥
देखि धौरहर कर उँजियारा। छपि गये चाँद सुरुज औ तारा॥
सुना सात बैकुंठ जस, तस ताजे खँड सात।
बेहर बेहर भाव तस, खंड खंड उपरात॥24॥

बरनौं राजमँदिर रनिवासू। जनु अछरीन्ह भरा कविलासू॥
सोरह सहस पदमिनी रानी। एक एक तें रूप बखानी॥
अति सुरूप औ अति सुकुवाँरी। पान फूल के रहहिं अधारी॥
तिन्ह ऊपर चंपावति रानी। महा सुरूप पाट-परधानी॥
पाट बैठि रह किए सिंगारू। सब रानी ओहि करहिं जोहारू॥
निति नौरंग सुरंगम सोई। प्रथम बैस नहिं सरवरि कोई॥
सकल दीप महँ जेती रानी। तिन्ह महँ दीपक बारह-बानी॥
कुँवरि बतीसो लच्छनी, अस सब माँह अनूप।
जावत सिंघलदीप के, सबै बखानै रूप॥25॥

सूरदास

कृष्ण भक्त कवियों में शिरोमणि सूरदास भक्तिकाल की काव्यधारा के अनमोल रत्न रहे हैं। इनके जन्म काल एवं स्थान के विषय में पर्याप्त मतभेद रहे हैं। जनश्रुति के आधार पर इनका जन्म सन् 1478 को दिल्ली के समीप सीही नामक ग्राम में एक ब्राह्मण परिवार में हुआ। लेकिन कुछ विद्वान उनका जन्म स्थान मथुरा और आगरा के बीच स्थित रुनकता ग्राम को भी मानते हैं। इनके पिता का नाम रामदास बताया गया है, जो कि अकबर के दरबारी गायक थे। लेकिन साहित्य लहरी में इन्हें चन्द के वंशज हरिचन्द के सबसे छोटे पुत्र माना गया है।

सूर नेत्र विहीन थे। वल्लभाचार्य ने इन्हें पुष्टिमार्ग में दीक्षित किया था। इसके पश्चात सूरदास वल्लभाचार्य की आज्ञा से श्रीनाथ जी के मन्दिर में भजन-कीर्तन करने लगे। यहाँ की गायक मण्डली में आठ भक्त गायक थे। ये अष्टछाप के नाम से प्रसिद्ध रहे हैं। इन सब में सूर का स्थान सर्वोपरि रहा है। सूरदास मुख्यतया स्नेह, वात्सल्य, ममता और प्रेम के कवि रहे हैं। वात्सल्य में रस का तो इन्हें अवतार ही माना गया है। सूर जैसा बालमनोविज्ञान का ज्ञाता एवं उस अनुभव ज्ञान को गीतों में साकार करने वाला अन्य कोई कवि नहीं है। भ्रमरगीत इनका सर्वश्रेष्ठ विरह एवं उपालम्भ काव्य माना जाता है। सूरसागर, साहित्यलहरी एवं सूर सारावली इनकी प्रामाणिक रचनाएँ मानी जाती हैं।

सूर की श्रृंगार व्यंजना उल्लेखनीय है। सूर का संयोग-चित्रण जितना सुखद एवं उल्लासमय है, वियोग-चित्रण उतना ही करुण, मर्मस्पर्शी और हृदयग्राही है। कृष्ण, राधा और गोपियों की रास लीला के प्रसंग संयोग श्रृंगार के उत्कृष्ट उदाहरण हैं। सूर ब्रजभाषा के कवि हैं और इन्होंने अपनी काव्य भाषा की शक्ति के द्वारा ब्रजभाषा को अत्यन्त परिष्कृत, समर्थ एवं भावों को सक्षम अभिव्यक्ति देने वाली भाषा बनाया है। उन्होंने गेय पदों की रचना कर, भाव प्रवण गीतिकाव्य विधा को प्रौढ़ता प्रदान की है। ब्रज भाषा को लोकोक्तियों और मुहावरों की शक्ति से भरपूर बनाने में सूरदास ने सराहनीय योगदान दिया है। इनका देहावसान पारसोली गाँव में सन् 1583 ई. में हुआ।

भ्रमरगीतसार

गोकुल सबै गोपाल उपासी।
जोग अंग साधत जे ऊधो ते सब बसत ईसपुर कासी॥
यद्यपि हरि हम तजि अनाथ करि तदपि रहति चरननि रसरासी।
अपनी शीतलताहि न छाँड़त यद्यपि है ससि राहु गरासी॥
का अपराध जोग लिखि पठवत प्रेमभजन तजि करत उदासी।
सूरदास ऐसी को बिरहिन माँगति मुक्ति तजे गुनरासी?॥1॥

जीवन मुँहचाही को नीको।
दरस परस दिनरात करति हैं कान्ह पियारे पी को॥
नयननि मूँदि-मूँदि किन देखौ बँध्यो ज्ञान पोथी को।
आछे सुन्दर स्याम मनोहर और जगत सब फीको॥
सुनौ जोग को का लै कीजै जहाँ ज्यान है जी को?
खाटी मही नहीं रुचि मानै सूर खवैया घी को॥2॥

आयो घोष बड़ो व्यापारी।
लाद खेंप गुन ज्ञान जोग की ब्रज में आय उतारी॥
फाटक दै कर हाटक माँगत भोरै निपट सु धारी।
धुर ही तें खोटो खायो है लए फिरत सिर भारी।
इनके कहे कौन डहकावै ऐसी कौन अजानी?
अपनो दूध छाँड़ि को पीवै खार कूप को पानी॥
ऊधो जाहु सबार यहाँ तें बेगि गहरु जनि लावौ।
मुँहमाँग्यो पैहो सूरज प्रभु साहुहि आनि दिखावौ॥3॥

जोग ठगौरी ब्रज न बिकैहैं।
यह व्योपार तिहारो ऊधो ऐसोई फिर जैहै॥
जापै लैं आये हौ मधुकर ताके उर न समैहै।

दाख छाँड़ि कै कटुक निबौरी को अपने मुख खैहै?
मूरी के पातन के केना की मुक्ताहल दैहै।
सूरदास प्रभु गुनहिं छाँड़िकै को निर्गुन निरबैहै?॥4॥

आये जोग सिखावन पाँड़े।
परमारथी पुराननि लादे ज्यों बनजारे टाँड़े॥
हमारी गति पति कमलनयन की जोग सिखै ते राँड़े।
कहो, मधुप, कैसे समायँगे एक म्यान दो खाँड़े॥
कहु षटपद, कैसे खैयतु है हाथिन के सँग गाँड़े॥
काकी भूख गयी बयारि भखि बिना दूध घृत माँड़े॥
काहे को झाला लै मिलवत, कौन चोर तुम डाँड़े।
सूरदास तीनों नहिं उपजत धनिया धान कुम्हाड़े॥5॥

ए अलि! कहा जोग में नीको?
तजि रसरीति नन्दनन्दन की सिखावत निर्गुन फीको॥
देखत सुनत नाहिं कछु स्रवननि, ज्योति ज्योति करि ध्यावत।
सुन्दरस्याम दयालु कृपानिधि कैसे हौ बिसरावत?
सुनि रसाल मुरली सुर की धुनि सोइ कौतुक रस भूलैं।
अपनी भुजा ग्रीव पर मेलै गोपिन के सुख फूलैं॥
लोककानि कुल को भ्रम प्रभु मिलि मिल कै घर बन खेली।
अब तुम सूर खवावन आये जोग जहर की बेली॥6॥

हमरे कौन जोग ब्रत साधै?
मृगत्वच, भस्म, अधारि जटा को को इतनों अवराधै?
जाकी कहूँ थाह नहिं पैए, अगम, अपार, अगाधै।
गिरिधर लाल छबीले मुख पर इते बाँध को बाँधै?
आसन पवन भूति मृगछाला ध्याननि को अवराधै?
सूरदास मानिक परिहरि कै राख गाँठि को बाँधै?॥7॥

हम तो दुँह भाँति फल पायो।
जो ब्रजनाथ मिलै तो नीको नातरु जग जस गायो॥
कहँ वै गोकुल की गोपी सब बरनहीन लघु जाती।
कहँ वै कमला के स्वामी सँग मिलीं बैठीं इक पाँती॥

निगमध्यान मुनिज्ञान अगोचर, ते भए घोषनिवासी।
ता ऊपर अब साँच कहो धौं मुक्ति कौन की दासी?
जोग कथा, पा लागो ऊधो, ना कहु बारम्बार।
सूर स्याम तजि और भजै जो ताकी जननी छार॥8॥

पूरनता इन नयन न पूरी।
तुम जो कहत स्रवननि सुनि समुझत, ये याही दुख मरति बिसूरी॥
हरि अन्तर्यामी सब जानत बुद्धि बिचारत बचन समूरी।
वैरस रूप रतन सागर निधि क्यों मनि पाय खवावत धूरी॥
रहु रे कुटिल, चपल, मधु लम्पट, कितव सँदेस कहत कटुकूरी।
कहँ मुनिध्यान कहाँ ब्रजजुवती! कैसे जात कुलिस करि चूरी॥
देखु प्रगट सरिता, सागर, सर सीतल सुभग स्वाद रुचि रूरी।
सूर स्वातिजल बसै जिय चातक चित लागत सब झूरी॥9॥

हमतें हरि कबहूँ न उदास।
राति खवाय पिवाय अधररस सो क्यों बिसरत ब्रज को बास॥
तुमसों प्रेमकथा को कहिबो मनहुँ काटिबो घास।
बहिरो तान–स्वाद कह जानै, गूँगो बात मिठास॥
सुनु री सखी, बहुरि फिरि ऐहैं वे सुख बिबिध बिलास।
सूरदास ऊधो अब हमको भयो तेरहों मास॥10॥

तेरो बुरो न कोऊ मानै।
रस की बात मधुप निरस, सुनु, रसिक होत सो जानै॥
दादुर बसै निकट कमलन के जन्म न रस पहिचानै।
अलि अनुराग उड़न मन बाँध्यो कहे सुनत नहिं कानै॥
सरिता चलै मिलन सागर को कूल मूल द्रुम भानै।
कायर बकै, लोह तें भाजै, लरै जो सूर बखानै॥11॥

घर ही के बाढ़े रावरे।
नाहिंन मीत बियोगबस परे अनवउगे अलि बावरे!
भुख मरि जाय चरे नहिं तिनका सिंह को यहै स्वभाव रे!
स्रवन सुधा मुरली के पोषे जोग जहर न खवाव रे!
ऊधो हमहि सीख का दैहो? हरि बिनु अनत न ठाँव रे!
सूरदास कहा लै कीजै थाही नदिया नाव रे!॥12॥

स्याममुख देखे ही परतीति।
जो तुम कोटि जतन करि सिखवत जोग ध्यान की रीति॥
नाहिन कछू सयान ज्ञान में यह हम कैसे मानै।
कहौ कहा कहिए या नभ को कैसे उर में आनैं॥
यह मन एक, एक वह मूरति, भृंगकीट सम माने।
सूर सपथ दै बूझत ऊधो यह ब्रज लोग सयाने॥13॥

लरिकाई को प्रेम, कहो अलि, कैसे करिकै छूटत?
कहा कहौं ब्रजनाथ चरित अब अन्तरगति यों लूटत॥
चंचल चाल मनोहर चितवनि, वह मुसुकानि मन्द धुनि गावत।
नटवर भेस नन्दनन्दन को वह बिनोद वह बन ते आवत॥
चरनकमल की सपथ करति हौं यह सँदेस मोहिं विष सम लागत।
सूरदास मोहि निमिष न बिसरत मोहन मूरति सोवत जागत॥14॥

अटपटि बात तिहारी ऊधो सुनैसो ऐसी को है?
हम अहीरि अबला सठ, मधुकर! तिन्हैं जोग कैसे सोहै?
बूचिहि खुभी आँधरी काजर, नकटी पहिरै बेसरि।
मुंडली पाटी पारन चाहै, कोढ़ी अंगहि केसरि॥
बहिरो सों पति मतो करै सो उतर कौन पै आवै?
ऐसी न्याव है ताको ऊधो जो हमैं जोग सिखावै॥
जो तुम हमको लाये कृपा करि सिर चढ़ाय हम लीन्हें।
सूरदास नरियर जो विष को करहिं बंदना कीन्हें॥15॥

बरु वै कुब्जा भलो कियो।
सुनि सुनि समाचार ऊधो मो कछुक सिरात हियो॥
जाको गुन, गति, नाम, रूप, हरि हार्‍यो, फिरि न दियो।
तिन आपनो मन हरत न जान्यो हँसि हँसि लोग जियो॥
सूर तनक चन्दन चढ़ाय तन ब्रजपति बस्य कियो।
और सकल नगरि नारिन को दासी दाँव लियो॥16॥

हरि काहे के अंतर्जामी?
जौ हरि मिलत नहिं यहि औसर, अवधि बतावत लामी॥
अपनी चोप जाय उठि बैठे और निरस बेकामी?
सो कह पीर पराई जानै जो हरि गरुड़ागामी॥

आयी उघारि प्रीति कलई सी जैसे खाटी आमी।
सूर इते पर अनख मरति हैं ऊधो, पीवत मामी॥17॥

बिलग जनि मानहु, ऊधो प्यारे!
वह मथुरा काजर की कोठरि जे आवहिं ते कारे॥
तुम कारे, सुफलकसुत कारे, कारे मधुप भँवारे।
तिनके संग अधिक छवि उपजत कमलनैन मनिआरे॥
मानहु नील माट तें काढ़े लै जमुना ज्यों पखारे।
ता गुन स्याम भई कालिन्दी सूर स्याम गुन न्यारे॥18॥

अपने स्वारथ को सब कोऊ!
चुप करि रहौ, मधुप रस लम्पट! तुम देखे अरु वोऊ॥
औरो कछू सँदेस कहन को कहि पठ्यो किन सोऊ।
लीन्हे फिरत जोग जुवतिन को बड़े सयाने दोऊ॥
तब कत मोहन रास खिलाई जो पै ज्ञान हुतोऊ?
अब हमरे जिय बैठो यह पद 'होनी होउ सो होऊ'॥
मिटि गयो मान परेखो ऊधो हिरदय हतो सो होऊ।
सूरदास प्रभु गोकुलनायक चित चिन्ता अब खोऊ॥19॥

तुम जो कहत सँदेसो आनि।
कहा करौं वा नन्दनन्दन सों होत नहीं हितहानि?
जोग जुगुति किहि काज हमारे जदपि महा सुखखानि?
सने सनेह स्यामसुन्दर के हिलि मिलि कै मन मानि॥
सोहत लोह परसि पारस ज्यों सुबरन बारह बानि।
पुनि वह चोप कहाँ चुम्बक ज्यों लटपटाय लपटानि॥
रूपरहित नीरासा निरगुन निगमहु परत न जानि।
सूरदास कौन बिधि तासों अब कीजै पहिचानि?॥20॥

तुलसीदास

राम भक्त कवियों में तुलसीदास का जन्म सन् 1532 ई. में हुआ बताया जाता है। इनके जन्मस्थान को लेकर काफी विवाद है। इनके जन्म स्थल के विषय में सोरों, राजापुर और अयोध्या स्थलों की चर्चा होती है। अधिकतर विद्वान राजापुर को इनका जन्म स्थल मानते हैं, और यह स्थल उत्तर प्रदेश के बाँदा जिले में पड़ता है। इनके पिता का नाम आत्माराम दुबे और माता का नाम हुलसी बताते हैं। अभुक्तमूल नक्षत्र में पैदा होने के कारण इनके माता-पिता ने अशुभ मानकर इनको छोड़ दिया। विद्वान सन्त भक्त नरहरिदास ने इनका पालन-पोषण किया। इनकी पत्नी का नाम रत्नावली था। रत्नावली से फटकार मिलने पर इनका मन लौकिक जीवन से विरक्त हो गया। तदनन्तर ये राम के अनन्य भक्त बन गये। राम के प्रति समर्पण और उन्हीं का गुणगान इनका मुख्य काव्य विषय रहा। हिन्दी क्षेत्र की प्रचलित काव्य भाषाओं ब्रज और अवधी में इन्होंने रचनाएँ लिखीं। अपने समय में प्रचलित सभी काव्य रूपों का प्रयोग किया।

तुलसी की बारह प्रामाणिक कृतियों का उल्लेख मिलता है। रामचरितमानस, विनयपत्रिका, कवितावली, गीतावली, दोहावली, पार्वतीमंगल, जानकीमंगल, वैराग्य संदीपनी, बरवैरामायण, रामलला-नहछू, कृष्णगीतावली, रामाज्ञाप्रश्न तुलसीदास की रचनाएँ मानी गयी हैं।

तुलसीदास राम के अनन्य भक्त थे। इनकी भक्ति का आदर्श मेघ के प्रति चातक जैसा था। रामचरितमानस में इन्होंने धर्म, समाज और राजनीति के सम्बन्ध में अपनी मान्यताओं को स्थापित करने की सफल कोशिश की है। रामचरितमानस तुलसी की प्रबन्धात्मक रचना हैं। विनयपत्रिका एक सफल गीतिकाव्य है, इसके पद शास्त्रीय रागों पर आधारित है। इस कृति में धन्नाश्री, रामकली, बसन्त, भैरव, सारंग आदि अनेक रागों का प्रभावी प्रयोग हुआ है। कवि कलियुग के पापों से त्रस्त होकर भगवान राम को एक अर्जी लिखते हैं। इसमें वे अपनी अकिंचनता, दीनता और दयनीयता का चित्रण करते हुए राम के वैभवशाली रूप का वर्णन करते हैं। तुलसीदास का देहावसान सन् 1623 ई. में हुआ।

विनयपत्रिका

गाइए गनपति जगबंदन। संकरसुअन भवानीनन्दन॥
सिद्धिसदन गजबदन बिनायक। कृपासिन्धु सुन्दर सब लायक॥
मोदकप्रिय मुद मंगल दाता। विद्याबारिधि बुद्धिबिधाता॥
माँगत तुलसिदास कर जोरे। बसहुँ रामसिय मानस मोरे॥1॥

बावरो रावरो नाह भवानी।
दानि बड़ो दिन देत दए बिनु बेदबड़ाई भानी॥
निज घर की घरबात बिलोकहु हौ तुम परम सयानी।
सिव की दई सम्पदा देखत श्री सारदा सिहानी॥
जिनके भाल लिखी लिपि मेरी सुख की नहीं निसानी।
तिन रंकन को नाक सँवारत हौ आयो नकवानी॥
दुख दीनता दुखी इनके दुख जाचकता अकुलानी।
यह अधिकार सौंपिए औरहिं भीख भली मैं जानी॥
प्रेम प्रसंसा बिनय ब्यंगजुत सुनि बिधि की बर बानी।
तुलसी मुदित महेस मनहिं मन जगतमातु मुसुकानी॥2॥

दुसह दोष दुख दलनि करु देवि दाया।
बिस्वमूलासि जन सानुकूलासि सरसूलधारिनि महामूल माया॥
तड़ितगर्भांग सर्बांग सुन्दर लसत दिब्य पट भब्य भूषन बिराजै।
बालमृगमंजु खंजन बिलोचनि चंद्रबदनि लखि कोटि रतिमार लाजै॥
रूप सुख सील सीमासि भीमासि रामासि बामासि बर बुद्धि बानी।
छमुख हेरंब अंबासि जगदंबिके संभुजायासि जय जय भवानी॥
चंड भुजदंड खंडनि बिहंडनि मुंड महिषमद भंग करि अंग तोरे।
सुंभ निःसुंभ कुंभीस रनकेसरिनि क्रोधबारिधि बैरिबृंद बोरे॥
निगम आगम अगम गुर्बि तव गुनकथन उर्बिधर करै जेहि सहस जीहा।
देहि मा मोहि प्रन प्रेम यह नेम निज राम घनस्याम तुलसी पपीहा॥3॥

कबहुँक अंब अवसर पाइ।
मेरिऔ सुधि द्याइबी कछु करुनकथा चलाइ॥
दीन सब अँगहीन छीन मलीन अघी अघाइ।
नाम लै भरै उदर एक प्रभु दासी दास कहाइ॥
बूझिहैं सो है कौन कहिबी नाम दसा जनाइ।
सुनत रामकृपालु के मेरी बिगरिऔ बनि जाइ॥
जानकी जगजननि जन की किएँ बचन सहाइ।
तरै तुलसीदास भव तव नाथ गुनगन गाइ॥4॥

ऐसी आरती राम रघुबीर की करहि मन। हरन दुखद्वंद गोबिंद आनंदघन॥
अचर चर रूप हरि सर्वगत सर्वदा बसत इति बासना धूप दीजै।
दीप निज बोध गत क्रोध मद मोह तम प्रौढ़ अभिमान चितबृत्ति छीजै॥
भाव अतिसय बिसद प्रवर नैवेद्य सुभ श्रीरमन परम संतोषकारी।
प्रेम तांबूल गतसूल संसय सकल बिपुल भववासना बीज हारी॥
असुभ सुभकर्म घृत कर्न दस बर्तिका त्याग पावक सतोगुन प्रकासं।
भगति बैराग बिज्ञान दीपावली अर्पि नीराजनं जगनिवासं॥
बिमल हृदि भवन कृत सांति पर्यंक सुभसयन बिश्राम श्रीरामराया।
छमा करुना प्रमुख तत्र परिचारिका यत्र हरि तत्र नहिं भेदमाया॥
आरती निरत सनकादिश्रुतिसेषसिव देवऋषि अखिल मुनि तत्वदरसी।
करै सोइ तरै परिहरै कामादि मल बदति इति अमलमति दासतुलसी॥5॥

दनुज बन दहन गुनगहन गोबिंद नंदादि आनंददाताऽबिनासी।
संभु सिव रुद्र संकर भयंकर भीम घोर तेजायतन क्रोधरासी॥
अनंत भगवंत जगदंत अंतक त्रास समन श्रीरमन भुवनाभिरामं।
भूधराधीस जगदीस ईसान विज्ञानधन ज्ञानकल्यान धामं॥
बामनाव्यक्त पावन परावर बिभो प्रगट परमातमा प्रकृति स्वामी।
चंद्रसेखर सूलपानि हर अनघ अज अमित अबिछिन्न वृषभेसगामी॥
नीलजलदाभ तनु स्याम बहु काम छबि राम राजीवलोचन कृपाला।
कंबु कर्पूर बपु धवल निर्मल मौलि जटा सुरतटिनि सित सुमनमाला॥
बसन किंजल्क धर चक्र सारंग दर कंज कौमोदकी अति बिसाला।
मार करि मत्त मृगराज त्रयनयन हर नौमि अपहरन संसारज्वाला॥
कृष्न करुनाभवन दवन कालीय खल बिपुल कंसादि निर्बंसकारी।
त्रिपुर गद भंगकर मत्तगज चर्म धर अंधकोरग ग्रसन पन्नगारी॥
ब्रह्म ब्यापक अकल सकलपर परम हित ज्ञानगोतीत गुनबृत्तिहर्त्ता।

सिंधुसुत गर्ब गिरि बज्र गौरीस भव दच्छमख अखिल बिध्वंसकर्त्ता॥
भक्तिप्रिय भक्तजन कामधुक धेनु हरि हरन दुर्घट बिकट बिपति भारी।
सुखद नर्मद बरद बिरज अनवद्यऽखिल बिपिन आनंद बीथिन बिहारी॥
रुचिर हरिसंकरी नाम मंत्रावली द्वंददुख हरनि आनंदखानी।
विष्णुसिवलोक सोपान सम सर्वदा बदति तुलसीदास बिसद बानी॥6॥

कोसलाधीस जगदीस जगदेकहित अमितगुन बिपुल बिस्तारलीला।
गायंति तव चरित सुपवित्र श्रुति सेस सुक संभु सनकादि मुनि मननसीला॥
बारिचर बपुषधर भक्त निस्तार पर धरनि कृत नाव महिमातिगुर्वी।
सकल यज्ञांसमय उग्र बिग्रह क्रोड मर्दि दनुजेस उद्धरन उर्वी॥
कमठ अति बिकट तनु कठिन पृष्ठोपरि भ्रमत मंदर कंडु सुख मुरारी।
प्रगटकृत अमृत गो इंदिरा इंदु बृंदारका बृंद आनंदकारी॥
मनुज मुनि सिद्ध सुरनाग त्रासक दुष्ट दनुज द्विजधर्म मर्ज्जाद हर्ता।
अतुल मृगराजबपु धरित विद्दरित अरि भक्त प्रहलाद अहलादकर्ता॥
छलन बलि कपट बटुरूप बामन ब्रह्म भुवन पर्जंत पद तीनि करनं।
चरन नख नीर त्रैलोक्यपावन परम बिबुधजननी दुसह सोकहरनं॥
छत्रियाधीस करिनिकर बर केसरी परसुधर बिप्र ससि जलदरूपं।
बीस भुजदंड दससीसखंडन चंडबेग सायक नौमि राम-भूपं॥
भूमि भर भारहर प्रगट परमातमा ब्रह्म नररूपधर भक्तहेतू।
वृष्निकुल कुमुद राकेस राधारमन कंस बंसाटवी धूमकेतू॥
प्रबल पाखंड महिमंडलाकुल देखि निंद्यकृत अखिल मखकर्म जालं॥
सुद्धबोधैक घनज्ञान गुनधाम अज बुद्ध अवतार बंदे कृपालं॥
कालकलि जनित मल मलिनमल सर्वनर मोहनिसि निविड़जमनांधकारं।
बिष्नुयश पुत्र कल्कीदिवाकर उदित दासतुलसी हरन बिपति भारं॥7॥

बिस्वबिख्यात बिस्वेस बिस्वायतन बिस्वमर्याद ब्यालादगामी।
ब्रह्म बरदेस बागीस ब्यापक बिमल बिपुल बलवान निर्वानस्वामी॥
प्रकृति महतत्व सब्दादि गुन देवता ब्योम मरुदग्नि अमलांबु उर्वी।
बुद्धि मन इंद्रिय प्रान चित्तातमा काल परमानु चिच्छक्ति गुर्वी॥
सर्वमेवात्र त्वद्रूप भूपालमनि व्यक्तमव्यक्त गतभेद विष्नो।
भुवन भवदंस कामारिबंदित पदद्वंद मंदाकिनीजनक जिष्नो॥
आदिमध्यांत भगवंत त्वं सर्वगतमीस पस्यंति ये ब्रह्मवादी।
यथा पट तंतु घट मृत्तिका सर्प स्त्रग दारु करि कनक कटकांगदादी॥
गूढ़ गम्भीर सर्वघ्न गूढ़ार्थवित गुप्त गोतीत गुरु ज्ञान ज्ञाता।

ज्ञेय ज्ञानप्रिय प्रचुर गरिमागार घोर संसार पर पार दाता॥
सत्यसंकल्प अतिकल्प कल्पांतकृत कल्पनातीत अहि तल्पवासी।
बनजलोचन बनजनाभ बनदाभबपु बनचरध्वज कोटि लावन्यरासी॥
सुकर दुष्कर दुराराध्य दुर्व्यसनहर दुर्ग दुर्द्धर्ष दुर्गार्ति हर्त्ता।
बेदगर्भार्भकादभ्रगुन गर्ब अर्बायपर गर्ब निर्बापकर्त्ता॥
भक्त-अनुकूल भवसूल निर्मूलकर तूलअघ नाम पावक समानं।
तरल तृष्ना तमी तरनि धरनीधरन सरन भय हरन करुनानिधानं॥
बहुल बृंदारु बृंदारकाबृंद पद द्वंद मंदारमालोरधारी।
पाहि मामीस संतापसंकुल सदा दासतुलसी प्रनत रावनारी॥8॥

देहि अबलंब करकमल कमलारमन दमनदुख समन संताप भारी।
अज्ञान राकेस ग्रासन बिधुंतुद गर्ब काम करिमत्त हरि दूषनारी॥
बपुष ब्रह्मांड सुप्रवृत्ति लंकादुर्ग रचित मन दनुज मयरूपधारी।
बिविध कोसौघ अति रुचिर मंदिरनिकर सत्वगुन प्रमुख त्रय कटककारी॥
कुनप अभिमान सागर भयंकर घोर बिपुल अवगाह दुस्तर अपारं।
नक्र रागादि संकुल मनोरथ सकल संगसंकल्प बीची बिकारं॥
मोह दसमौलि तद्भ्रात अहंकार पाकारिजित् काम विश्रामहारी।
लोभ अतिकाय मत्सर महोदर दुष्ट क्रोध पापिष्ट बिबुधांतकारी॥
द्वेष दुर्मुख दंभ खर अकंपन कपट दर्प मनुजाद मद सूलपानी।
अमितबल परम दुर्जय निसाचर निकर सहित षड्वर्ग गो जातुधानी॥
जीव भवदंघ्रि सेवक बिभीषन बसत मध्य दुष्टाटवी ग्रसितचिंता।
नियम जम सकल सुरलोक लोकेस लंकेसबस नाथ अत्यंत भीता॥
ज्ञान अवधेस गृह गेहिनी भक्ति सुभ तत्र अवतार भूभारहर्ता।
भक्त संकष्ट अवलोकि पितुवाक्य कृत गमन किय गहन बैदेहि भर्ता॥
कैवल्य साधन अखिल भालु मर्कट बिपुल ज्ञान सुग्रीव कृत जलधिसेतू॥
प्रबल बैराग्य दारुन प्रभंजनतनय बिषय बन दहनमिव धूमकेतू॥
दुष्ट दनुजेस निर्बंस कृत दासहित विश्वदुख हरन बोधैकरासी।
अनुज निज जानकी सहित हरि सर्वदा दासतुलसी हृदय कमलबासी॥9॥

मोहजनित मल लाग बिबिध बिधि कोटिहु जतन न जाई।
जनम जनम अभ्यास निरत चित अधिक अधिक लपटाई॥
नयन मलिन परनारि निरखि मन मलिन विषय सँग लागे।
हृदय मलिन बासना मान मद जीव सहज सुख त्यागे॥

परनिंदा सुनि स्रवन मलिन भए बचन दोष पर गायें।
सब प्रकार मलभार लाग लिज नाथ चरन बिसरायें॥
तुलसिदास ब्रत दान ज्ञान तप सुद्धिहेतु स्रुति गांवै।
रामचरन अनुराग नीर बिनु मल अति नास न पावै॥10॥

कब हूँ मन बिश्राम न मान्यो।
निसि दिन भ्रमत बिसारि सहज सुख जहँ तहँ इंद्रिन तान्यो॥
जदपि बिषय सँग सहे दुसह दुख बिषम जाल अरुझान्यो।
तदपि न तजत मूढ़ ममताबस जानत हूँ नहिं जान्यो॥
जनम अनेक किए नाना बिधि करम कीच चित सान्यो।
होइ न बिमल बिबेक नीर बिनु बेद पुरान बखान्यो॥
निज हित नाथ पिता गुरु हरि सों हरषि हृदय नहिं आन्यो।
तुलसिदास कब तृषा जाइ सर खनतहिं जनम सिरान्यो॥11॥

ऐसी मूढ़ता या मन की।
परिहरि रामभगति सुरसरिता आस करत ओसकन की॥
धूमसमूह निरखि चातक ज्यों तृषित जानि मति घन की।
नहिं तहँ सीतलता न बारि पुनि हानि होति लोचन की॥
ज्यों गच काँच बिलोकि सेन जड़ छाँह आपने तन की।
टूटत अति आतुर अहार बस छति बिसारि आनन की॥
कहँ लौं कहौं कुचाल कृपानिधि जानत हौ गति मन की।
तुलसिदास प्रभु हरहु दुसह दुख करहु लाज निज पन की॥12॥

नाचत ही निसि दिवस मर्‌यो।
तब ही तें न भयो हरि थिर जब तें जिव नाम धर्‌यो॥
बहु बासना बिबिध कंचुक भूषन लोभादि भर्‌यो।
चर अरु अचर गगन जल थल में कौन स्वाँगु न कर्‌यो॥
देव दनुज मुनि नाग मनुज नहि जाँचत कोउ उबर्‌यो।
मेरो दुसह दरिद्र दोष दुख काहू तो न हर्‌यो॥
थके नयन पदपानि सुमति बल संग सकल बिछुर्‌यो।
अब रघुनाथ सरन आयो जन भवभय बिकल डर्‌यो॥
जेहि गुन तें बस होहु रीझि करि सो मोहि सब बिसर्‌यो।
तुलसिदास निज भवनद्वार प्रभु दीजै रहन पर्‌यो॥13॥

ऐसी हरि करत दास पर प्रीति।
निज प्रभुता बिसारि जन के बस होत सदा यह रीति॥
जिन बाँधे सुर असुर नाग नर प्रबल करम की डोरी।
सोइ अबिछिन्न ब्रह्म जसुमति हठि बाँध्यो सकत न छोरी॥
जाकी मायाबस बिरंचि सिब नाचत पार न पायो।
करतल ताल बजाइ ग्वाल जुवतिन तेहि नाच नचायो॥
बिस्वंभर श्रीपति त्रिभुवन पति बेद बिदित यह लीख।
बलि सों कछु न चली प्रभुता बरु ह्वै द्विज माँगी भीख॥
जाको नाम लिए छूटत भव जनम मरन दुखभार।
अंबरीष हित लागि कृपानिधि सोइ जनम्यौ दस बार॥
जोग बिराग ध्यान जप तप करि जेहि खोजत मुनि ज्ञानी।
बानर भालु चपल पसु पाँवर नाथ तहाँ रति मानी॥
लोकपाल जम काल पवन रवि ससि सब आज्ञाकारी।
तुलसिदास प्रभु उग्रसेन के द्वार बेत कर धारी॥14॥

महाराज राम आदर्‌यो धन्य सोई।
गरुअ गुनरासि सर्वज्ञ सुकृती सूर सीलनिधि साधु तेहि सम न कोई॥
कीस केवट उपल भालु निसिचर सबरि गीधसम दम दया दान हीने।
नाम लिए राम किए परमपावन सकल तरत नर तिनके गुनगान कीने॥
ब्याध अपराध की साध राखी कौन पिंगला कौन मति भक्ति भेई।
कौन धौं सोमजाजी अजामिल अधम कौन गजराज धौं बाजपेई॥
पंडुसुत गोपिका बिदुर कुबरी सबहिं सोध किए सुद्धता लेस कैसो।
प्रेम लखि कृष्न किए आपने तिनहुँ को सुजस संसार हरिहर को जैसो॥
कोल खस भिल्ल जमनादि खल राम कहि नीच ह्वै ऊँच पद को न पायो।
दीन दुख दमन श्रीरमन करुनाभवन पतित पावन बिरद बेद गायो॥
मंदमति कुटिल खल तिलक तुलसी सरिस भो न तिहुँलोक तिहुँकाल कोऊ।
नाम की कानि पहिचानि जन आपनो ग्रसत कलिब्याल राख्यो सरन सोऊ॥15॥

गीतावली

ह्वै हौ लाल कबहिं बड़े बलि भैया।
राम लषन भावते भरत रिपुदवन चारु चारयो भैया॥
बाल बिभूषन बसन मनोहर अंग नित बिरचि बनैहों।
सोभा निरखि निछावरि करि उर लाइ वारने जैहों॥
छगन मगन अँगना खेलिहौ मिलि ठुमुकु ठुमुकु कब धैहौ॥
कलबल बचन तोतरे मंजुल कहि माँ मोहिं बुलैहौ॥
पुरजन सचिव राउ रानी सब सेवक सखा सहेली।
लैहैं लोचन लाहु सुफल लखि ललित मनोरथ बेली॥
जा सुख की लालसा लटू सिव सुक सनकादि उदासी।
तुलसी तेहि सुखसिंधु कौसिला मगन पै प्रेम पियासी॥1॥

पौढ़िये लालन पालने हौं झुलावौं।
कर पद मुख चखकमल लसत लखि लोचन भँवर भुलावौं॥
बाल बिनोद मोद मंजुलमनि किलकनि खानि खुलावौं।
तेइ अनुराग ताग गुहिबे कहँ मति मृगनयनि बुलावौं॥
तुलसी भनित भली भामिनि उर सो पहिराइ फुलावौं।
चारु चरित रघुबर तेरे तेहि मिलि गाइ चरन चितु लावौं॥2॥

आँगन फिरत घुटुरुवनि धाए।
नील जलद तनु स्याम राम सिसु जननि निरखि मुख निकट बोलाए॥
बंधुक सुमन अरुन पदपंकज अंकुस प्रमुख चिह्न बनि आए।
नूपुर जनु मुनिबर कलहंसनि रचे नीड़ दै बाँह बसाए॥
कटि मेखल बर हार ग्रीव दर रुचिर बाँह भूषन पहिराए।
उर श्रीबत्स मनोहर हरिनख हेम मध्य मनिगन बहु लाए॥
सुभग चिबुक द्विज अधर नासिका श्रवन कपोल मोहि अति भाए।

भ्रू सुंदर करुनारस पूरन लोचन मनहु जुगल जलजाए॥
भाल बिसाल ललित लटकन बर बालदसा के चिकुर सोहाए।
मनु दोउ गुर सनि कुज आगे करि ससिहि मिलन तमके गन आए॥
उपमा एक अभूत भई तब जब जननी पट पीत ओढ़ाए।
नील जलदपर उडुगन निरखत तजि सुभाव मनो तड़ित छपाए॥
अंग अंगपर मारनिकर मिलि छबिसमूह लै लै जनु छाए॥
तुलसिदास रघुनाथ रूप गुन तौ कहौं जौ बिधि होहिं बनाए॥3॥

सादर सुमुखि बिलोकि राम सिसुरूप अनूप भूप लिये कनियाँ।
सुंदर स्याम सरोज बरन तनु नखसिख सुभग सकल सुखदनियाँ॥
अरुन चरन नखजोति जगमगति रुनझुनु करति पाँय पैंजनियाँ।
कनक रतन मनि जटित रटति कटि किंकिनि कलित पीतपट तनियाँ॥
पहुँची चरनि पदिक हरिनख उर कठुला कंठ मंजु गजमनियाँ।
रुचिर चिबुक रद अधर मनोहर ललित नासिका लसति नथुनियाँ॥
बिकट भृकुटि सुखमानिधि आनन कल कपोल काननि नगफनियाँ।
भाल तिलक मसिबिंदु बिराजत सोहति सीस लाल चौतनियाँ॥
मनमोहनी तोसरी बोलनि मुनि मन हरनि हँसनि किलकनियाँ।
बालसुभाय बिलोल बिलोचन चोरति चितहि चारु चिंतवनियाँ॥
सुनि कुलबधू झरोखनि झाँकति रामचंद्र छबि चंदबदनियाँ।
तुलसिदास प्रभु देखि मगन भईं प्रेमबिबस कछु सुधि न अपनियाँ॥4॥

नेकु सुमुखि चित लाइ चितौ री।
राजकुँवर मूरति रचिबेकी रुचि सुबिरंचि श्रम कियो है कितौ री॥
नखसिख सुंदरता अवलोकत कह्यो न परत सुख होत जितौ री।
साँवर रूपसुधा भरिबे कहँ नयन कमल कल कलस रितौ री॥
मेरे जान इन्हैं बोलिबे कारन चतुर जनक ठयो ठाट ईतौ री।
तुलसी प्रभु भंजिहैं संभु धनु भूरिभाग सिय मातु पितौ री॥5॥

जबतें राम लषन चितए री।
रहे इकटक नर नारि जनकपुर लागत पलक कलप बितए री॥
प्रेम बिबस माँगत महेस सों देखत ही रहिए नित ए री।
कै ए सदा बसहु इन्ह नयनन्हि कै ए नयन जाहु जित ए री॥
कोउ समुझाइ कहै किन भूपहि बड़े भाग आए इत ए री।

कुलसि कठोर कहाँ संकर धनु मृदुमूरति किसोर कित ए री॥
बिरचत इन्हहिं बिरंचि भुवन सब सुंदरता खोजत रित ए री।
तुलसिदास ते धन्य जनम जन मन क्रम बच जिन्हके हित ए री॥6॥

दूलह राम सीय दुलही री।
घन दामिनि बरन हरन मन सुंदरता नखसिख निबही री॥
ब्याह बिभूषन बसन बिभूषित सखि अवली लखि ठगि सी रही री।
जीवन जनम लाहु लोचन फल है इतनोइ लह्यो आजु सही री॥
सुखमा सुरभि सिंगार छीर दुहि मयन अमियमय कियो है दही री।
मथि माखन सिय राम सँवारे सकल भुवन छबि मनहु मही री॥
तुलसिदास जोरी देखत सुख सोभा अतुल न जाति कही री।
रूप रासि बिरची बिरंचि मनो सिला लवनि रति काम लही री॥7॥

रहहु भवन हमरे कहे कामिनि।
सादर सासु चरन सेवहु नित जो तुम्हरे अति हित गृह स्वामिनि॥
राजकुमारि कठिन कंटक मग क्यों चलिहौ मृदु पग गजगामिनि।
दुसह बात बरषा हिम आतप कैसे सहिहौ अगनित दिन जामिनि॥
हौं पुनि पितु आज्ञा प्रमान करि ऐहों बेगि सुनहु दुति दामिनि।
तुलसिदास प्रभु बिरह बचन सुनि सहि नसकी मुरछित भइ भामिनि॥8॥

जबहिं रघुपति सँग सीय चली।
बिकल बियोग लोग पुरतिय कहैं अति अन्याउ अली॥
कोउ कहै मनिगन तजत काँच लगि करत न भूप भली।
कोउ कहै कुल कुबेलि कैकेयी दुख विष फलनि फली॥
एक कहै बन जोग जानकी बिधि बड़ बिषम बली।
तुलसी कुलिसहु की कठोरता तेहि दिन दलकि दली॥9॥

कहौ सो बिपिन है धौं केतिक दूरि।
जहाँ गवन कियौ कुँवर कोसलपति बूझति सिय पिय पतिहि बिसूरि॥
प्राननाथ परदेस पयादेहि चले सुख सकल तजे तृन तूरि।
करौं बयारि बिलंबिय बिटपतर झारौं हौं चरन सरोरुह धूरि॥
तुलसिदास प्रभु प्रियाबचन सुनि नीरजनयन नीर आए पूरि।
कानन कहाँ अबहि सुनु सुंदरि रघुपति फिरि चितए हित भूरि॥10॥

नीके कै मैं न बिलोकन पाए।
सखि यह मग जुग पथिक मनोहर बधु बिधुबदनि समेत सिधाए॥
नयन सरोज किसोर बयस बर सीस जटा रचि मुकुट बनाए।
कटि मुनिबसन तून धनु सर कर स्यामल गौर सुभाय सोहाए॥
सुंदर बदन बिसाल बाहु उर तनु छबि कोटि मनोज लजाए।
चितवत मोहिं लगी चौंधी सी जानौं न कौन कहाँ तें धौं आए॥
मनु गयो संग सोचबस लोचन मोचत बारि कितौ समुझाए।
तुलसिदास लालसा दरस की सोइ पुरवै जेहिं आनि देखाए॥11॥

माई री मोहिं कोउ न समुझावै।
राम गवन साँचो किधौं सपनो मन परतीति न आवै॥
लगेइ रहत मेरे नैननि आगे राम लषन अरु सीता।
तदपि न मिटत दाह या उर को बिधि जो भयो बिपरीता॥
दुख न रहै रघुपतिहिं बिलोकत तनु न रहै बिनु देखे।
करत न प्रान पयान सुनहु सखि अरुझि परी यहि लेखे॥
कौसल्या के बिरह बचन सुनि रोइ उठीं सब रानी।
तुलसिदास रघुबीर बिरह की पीर न जाति बखानी॥12॥

जो पै हौं मातु मते महँ ह्वै हौं।
तौ जननी जग में या मुख की कहाँ कालिमा ध्वैहौं॥
क्यों हौं आजु होत सुचि सपथनि कौन मानिहै साँची।
महिमा मृगी कौन सुकृती की खल बच बिसिषन बाँची॥
गहि न जाति रसना काहू की कहौ जाहि जोइ सूझै।
दीनबंधु कारुन्य सिंधु बिनु कौन हिये की बूझै॥
तुलसी रामबियोग बिषम बिष बिकल नारिनर भारी।
भरत सनेहसुधा सींचे सब भए तेहि समय सुखारी॥13॥

सुक सों गहवर हिये कहै सारो।
बीर कीर सिय राम लषन बिनु लागत जग अँधियारो॥
पापिनि चेरि अयानि रानि नृप हित अनहित न बिचारो।
कुलगुरु सचिव साधु सोचत बिधि को न बसाइ उजारो॥
अवलोके न चलत भरि लोचन नगर कोलाहल भारो।
सुने बचन करुनाकर के जब पुर परिवार सँभारो॥
गैया भरत भावते के सँग बन सब लोग सिधारो।

हम पँख पाइ पींजरनि तरसत अधिक अभाग हमारो॥
सुनि खग कहत अंब मौंगी रहि समुझि प्रेमपथ न्यारो।
गए ते प्रभुहि पहुँचाइ फिरे पुनि करत करम गुन गारो॥
जीवन जग जानकी लखन को मरन महीप सँवारो।
तुलसी और प्रीति की चरचा करत कहा कछु चारो॥14॥

भरत भए ठाढ़े कर जोरि।
ह्वै न सकत सामुहें सकुचबस समुझि मातुकृत खोरि॥
फिरिहैं किधौं फिरन कहिहैं प्रभु कलपि कुटिलता मोरि।
हृदय सोच जल भरे बिलोचन नेह देह भइ भोरि॥
बनबासी पुरलोग महामुनि किये हैं काठ के से कोरि।
दै दै श्रवन सुनिबे को जहँ तहँ रहे प्रेम मन बोरि॥
तुलसी राम सुभाव सुमिरि उर धरि धीरजहि बहोरि।
बोले बचन बिनीत उचित हित करुना रसहि निचोरि॥15॥

जानत हौ सबही के मन की।
तदपि कृपालु करौं बिनती सोइ सादर सुनहु दीन हित जन की॥
ए सेवक संतत अनन्य अति ज्यों चातकहि एक गति घन की।
यह विचारि गवनहु पुनीत पुर हरहु दुसह आरति परिजन की॥
मेरो जीवन जानिय ऐसोइ जिय जैसो अहि जासु गई मनि फन की।
मेटहु कुलकलंक कोसलपति आज्ञा देहु नाथ मोहिं बन की॥
मोको जोइ लाइय लागै सोइ उतपति है कुमातु तें तन की।
तुलसिदास सब दोष दूरि करि प्रभु अब लाज करहु निज पन की॥16॥

बिनती भरत करत कर जोरे।
दीनबंधु दीनता दीन की कबहुँ परै जिनि भोरे॥
तुम्हसे तुम्हहि नाथ मोको मोसे जन तुमको बहुतेरे।
इहै जानि पहिचानि प्रीति छमिए अघ औगुन मेरे॥
यों कहि सीय राम पाँयनि परि लषन लाइ उर लीन्हें।
पुलक सरीर नीर भरि लोचन कहत प्रेम पन कीन्हें॥
तुलसी बीते अवधि प्रथम दिन जो रघुबीर न ऐहौ।
तौ प्रभु चरन सरोज सपथ जीवत परिजनहि न पैहौ॥17॥

हाथ मींजिबो हाथ रह्यो।
लगी न संग चित्रकूटहु तें ह्याँ कहा जात बह्यो॥
पति सुरपुर सिय राम लषन बन मुनिब्रत भरत गह्यो।
हौं रहि घर मसान पावक ज्यों मरिबोइ मृतक दह्यो॥
मेरोइ हिय कठोर करिबे कहँ बिधि कहुँ कुलसि लह्यो।
तुलसी बन पहुँचाइ फिरी सुत क्यों कछु परत कह्यो॥18॥

राघौ गीध गोद करि लीन्हों।
नयन सरोज सनेह सलिल सुचि मनहुँ अरघजल दीन्हों॥
सुनहु लषन खगपतिहि मिले बन मैं पितु मरन न जान्यौ।
सहि न सक्यौ सो कठिन बिधाता बड़ो पछु आजुहि भान्यौ॥
बहु बिधि राम कह्यो तनु राखन परम धीर नहि डोल्यो।
रोकि प्रेम अवलोकि बदनबिधु बचन मनोहर बोल्यौ॥
तुलसी प्रभु झूठे जीवन लगि समय न धोखो लैहौं।
जाको नाम मरत मुनि दुर्लभ तुमहिं कहाँ पुनि पैहौं॥19॥

कबहूँ कपि राघव आवहिंगे।
मेरे नयन चकोर प्रीतिबस राकाससि मुख दिखरावहिंगे॥
मधुप मराल मोर चातक ह्वै लोचन बहु प्रकार धावहिंगे।
अंग अंग छबि भिन्न भिन्न सुख निरखि निरखि तहँ तहँ छावहिंगे॥
बिरह अगिनि जरि रही लता ज्यों कृपादृष्टि जल पलुहावहिंगे।
निज बियोग दुख जानि दयानिधि मधुर बचन कहि समुझावहिंगे।
लोकपाल सुर नाग मनुज सब परे बंदि कब मुकुतावहिंगे।
रावनबध रघुनाथ बिमल जस नारदादि मुनिजन गावहिंगे॥
यह अभिलाष रैन दिन मेरे राज बिभीषन कब पावहिंगे।
तुलसिदास प्रभु मोहजनित भ्रम भेदबुद्धि कब बिसरावहिंगे॥20॥

बिहारी

बिहारी का जन्म सन् 1595 ई. में ग्वालियर के निकट बसुआ गोविन्दपुर नामक गाँव में हुआ था। इनके पिताजी का नाम केशवराय था। वे माथुर चौबे ब्राह्मण थे। बिहारी बचपन में ही कुशाग्र बुद्धि के बालक थे। कवि के रूप में प्रसिद्ध होने के बाद ये शाहजहाँ के भी कृपापात्र बने। इनका विवाह मथुरा में हुआ। विवाहोपरान्त ये अपनी ससुराल में ही रहने लगे। जयपुर के नरेश मिर्जा राजा जयसिंह को इन्होंने अपनी वाक् चातुरी से इतनी प्रभावित किया कि इन्हें स्थायी रूप से अपना राजदरबारी कवि बना लिया। राजा जयसिंह के आग्रह पर बिहारी ने अपनी रचना सतसई लिखी। यह उनके जीवन काल में ही बहुत लोकप्रिय हो गयी।

बिहारी रीतिकाल के प्रतिनिधि कवि रहे हैं। इन्होंने शृंगार, भक्ति, नीति, अन्योक्ति, प्रकृति-चित्रण आदि सभी विषयों पर लिखा। बिहारी शृंगार के कवि रहे हैं। इन्होंने शृंगार के संयोग और वियोग दोनों पक्षों का सुन्दर वर्णन किया है। नीति और भक्ति को भी अभिव्यक्ति का विषय बनाया है। बिहारी कम से कम शब्दों में बहुत कुछ कह देते हैं। इनके काव्य में भाव व्यंजना का सौन्दर्य है। ये दरबारी जीवन की हर स्थिति से परिचित रहे। बिहारी ब्रज भाषा के धनी कलाकर रहे हैं। बिहारी सतसई में 713 दोहे हैं। प्रत्येक दोहा अपने आप में एक रमणीय चित्र के समान हे। अपनी पत्नी के देहावसान के उपरान्त ये विरक्त हो गये। सन् 1663 ई. में बिहारी का देहावसान हो गया।

दोहे

पत्रा ही तिथि पाइयत, वा घर के चहुँपास।
नित प्रति पून्योई रहै, आनन ओप उजास॥1॥

सघन कुञ्ज छाया सुखद, सीतल मन्द समीर।
मन ह्वै जात अजौं वहै, वा जमुना के तीर॥2॥

अधर-धरत हरि के परत, ओठ दीठि पट जोति।
हरे बाँस की बाँसुरी, इन्द्रधनुष-रँग होति॥3॥

जहाँ, जहाँ ठाढ़यो लख्यो, स्याम सुभग सिरभौर।
उनहूँ बिन छिन गहि रहत, दृगनि अजहुँ वह ठौर॥4॥

कहलाने एकत बसत अहि, मयूर, मृग, बाघ।
जगत तपोबन सो कियो, दीरघ दाघ निदाघ॥5॥

जिन दिन देखे वै कुसुम, गयी सु-बीति बहार।
अब अलि रही गुलाब में, अपत कँटीली डार॥6॥

इहै आस अटक्यो रह्यो, अलि गुलाब के मूल।
ऐ हैं बहुरि बसन्त ऋतु, इन डारनि वे फूल॥7॥

या अनुरागी चित्त की गति समुझै नहिं कोय।
ज्यों-ज्यों बूड़ै स्याम रँग, त्यों त्यों उज्वल होय॥8॥

इक भीजैं चहलैं परैं, बूडैं बहैं हजार।
कितै न औगुन जग करै, वै-नै चढ़ती बार॥9॥

चिरजीवौ जोरी जुरे, क्यों न सनेह गँभीर।
को घटि ये वृषभानुजा, वे हलधर के बीर॥10॥

सीस मुकुट कटि काछनी, कर मुरली उर माल।
इहि बानक मो मन बसो, सदा बिहारीलाल॥11॥

तजि तीरथ, हरि राधिका-तन-दुति करि अनुरागु।
जिहिं ब्रज-केलि-निकुञ्ज-मग, पग-पग होत प्रयागु॥12॥

कौन भाँति रहिहै बिरद, अब देखिबी मुरारि।
बीधे मोसों आनि के, गीध गीधहिं तारि॥13॥

बड़े न हूजै गुननि बिनु, बिरद बड़ाई पाय।
कहत धतूरे सों कनक, गहनों गढ़ौं न जाय॥14॥

बढ़त-बढ़त संपति-सलिल, मन-सरोज बढ़ि जाय।
घटत-घटत नहिं पुनि घटै, बरु समूल कुम्हिलाय॥15॥

दिन दस आदर पायकै, करिलै आप बखान।
जौ लगि काग सराध पख, तौ लगि तो सनमान॥16॥

स्वारथ, सुकृत न, श्रम वृथा, देखि बिहंग बिचारि।
बाज पराये पानि परि, तू पंछीन न मारि॥17॥

दृग उरझत, टूटत कुटुम, जुरत चतुर चित प्रीति।
परति गाँठि दुरजन हिएँ, दई नयी यह रीति॥18॥

नर की अरु नल-नीर की, गति एकै करि जोइ।
जेतो नीचो है चलै, तेतो ऊँचो होइ॥19॥

मेरी भव बाधा हरौ, राधा नागरि सोइ।
जा तन की झाँई परैं, स्याम हरित-दुति होइ॥20॥

मैं हो जान्यौ लोयननु, जुरत बाढ़िहै जोति।
को हो जानतु दीठि कौं, दीठि किरकिरी होति॥21॥

कोरि जतन कीजै तऊ, नागरि नेह दुरैन।
कहे देत चितु-चीकनौ, नयी रुखाई नैन॥22॥

बतरस-लालच लाल की, मुरली धरी लुकाइ।
सौंह करे भौंहनु हँसै, दैन कहै नटि जाइ।23॥

जद्यपि सुन्दर सुघर पुनि, सगुनौ दीपक देह।
तऊ प्रकासु करै तितो, भरिये जितैं सनेह॥24॥

लाल सलोने अरु रहे, अति सनेह सों पागि।
तनक कचाई देत दुख, सूरन लौं मुँह लागि॥25॥

क्यौं बसियै क्यौं निबहियै, नीति नेहपुर नाँहि।
लगालगी लोइन करैं, नाहक मन बँधि जाँहि॥26॥

इन दुखिया अँखियानु कौं, सुखु सिरज्योई नाँहि।
देखैं बनै न देखतै, अनदेखैं अकुलाँहि॥27॥

हौं हीं बौरी विरह बस, कै बौरौ सबु गाउँ।
कहा जानि ते कहत हैं, ससिहिं सीतकर नाउँ॥28॥

तंत्रीनाद कवित्त रस, सरस राग रति रंग।
अनबूड़े बूड़े तरे, जे बूड़े सब अंग॥29॥

रुनित भृङ्ग घंटावलि, झरत दान मधु नीर।
मन्द-मन्द आवत चल्यो, कुञ्जर कुंज समीर॥30॥

चटक न छाँड़तु घटत हूँ, सज्जन नेह गम्भीरु।
फीकौ फरै न वरु फटै, रंग्यौ चोल रंग चीरु॥31॥

पटु पाँखै भख काँकरै, सपर परेई संग।
सुखी परेवा पुहुमि मै, एकै तुही बिहंग॥32॥

नहि पावसु ऋतुराज यह, तजि तरवर चित भूल।
अपतु भएँ बिनु पाइहै, क्यौं नव दल-फल-फूल॥33॥

दीरघ साँस न लेहि दुख, सुख साईं हि न भूलि।
दई-दई क्यौं करतु है, दई दई सु कबूलि॥34॥

संगति सुमति न पावहीं, परे कुमति कैं धन्ध।
राखौ मेलि कपूर में, हींग न होइ सुगन्ध॥35॥

जौ चाहत चटक न घटै, मैलौ होइ न मित्त।
रज राजसु न छुवाइ तौ, नेह चीकनौं चित्त॥36॥

अति अगाधु अति औथरौ; नदी कूप सरु वाइ।
सो ताकौ सागरु जहाँ, जाकी प्यास बुझाइ॥37॥

समै समै सुन्दर सबै, रूपु कुरूपु न कोइ।
मन की रुचि जेती जितै, तित तेती रुचि होइ॥38॥

सोरठा

मैं समुझ्यौ निरधार, यह जगु कांचो काँच सौ।
एकै रूपु अपार, प्रतिबिम्बित लखियतु जहाँ॥39॥

घनानन्द

रीतिकालीन स्वच्छन्द काव्यधारा के विशिष्ट कवि घनानन्द का जन्म सन् 1689 में दिल्ली के भटनागर कायस्थ परिवार में हुआ था। उन दिनों कायस्थों में उच्च शिक्षा प्राप्त करके नौकरी करने की एक होड़ प्रचलित थी। घनानन्द ने संस्कृत, हिन्दी तथा फारसी भाषाओं का विधिपूर्वक अध्ययन किया। अध्ययन का परिणाम यह निकला कि युवावस्था प्राप्त होते ही इन्हें बादशाह मोहम्मद के पास मीर मुंशी की नौकरी मिल गयी। वहीं पर इनका प्रेम मोहम्मद शाह की वेश्या सुजान से हो गया। बाद में जब मोहम्मद शाह किसी कारण से इनसे रुष्ट हो गये तब उनके हुक्म से घनानन्द को नगर छोड़कर वहाँ से चले जाना पड़ा। राज्य छोड़ते समय घनानन्द ने सुजान को साथ चलने के लिए कहा, पर सुजान ने साफ इनकार कर दिया। सुजान के इनकार करने से घनानन्द को संसार से विरक्ति हो गयी। पहले वे वैरागी हो गये, बाद में वृन्दावन जाकर निम्बार्क सम्प्रदाय में दीक्षा ले ली। कहा जाता है कि सन् 1739 में नादिर शाह के सैनिकों के हाथों इनकी मृत्यु हो गयी।

घनानन्द की रचनाओं की संख्या चालीस बतायी गयी है। इनमें से सुजान-हित और पदावली मुख्य हैं। कुछ लोग सुजान-हित को सुजान सागर भी कहते हैं। सुजान-हित प्रेमोपालम्भ काव्य है। इसमें लगभग पाँच सौ सवैये हैं। प्रारम्भ में रूप वर्णन है। मुख्य रूप से नयन, नासिका, कपोल, अधर, ग्रीवा, एड़ी आदि का वर्णन है। इसके साथ ही कटाक्ष, लज्जा आदि हाव-भावों के साथ मेहँदी आदि प्रसाधनों का भी आकर्षक चित्रण किया है। इस कविता में तरुणाई को यौवन का बसन्त मानकर अद्भुत चित्रण किया है। पदावली में राधा और कृष्ण की भक्ति का स्रोत प्रवाहित हुआ है। इसमें एक सहस्र से अधिक पद हैं। पदों को भैरव, रामकली, गंधार, केदार जैसे राग-रागिनियों में बाँधा गया है। अनेक विनय के पद भी हैं।

कवित्त

सवैया

भोर तें साँझ लों कानन ओर निहारति बावरी नैकु न हारति।
साँझ तें भोर लों तारनि ताकिबो तारन सौं इक तार न टारति॥
जौ कहूँ भावतो दीठि परै घनआनँद आँसुनि औसर गारति।
मोहन सोहन जोहन की लगियै रहै आँखिन के मन आरति॥1॥

कवित्त

भए अति निठुर मिटाय पहिचान डारी
याही दुख हमैं जक लगी हाय हाय है।
तुम तौ निपट निरदई गयी भूलि सुधि
हमैं सूल सलनि सो केहूँ न भुलाय है॥
मीठे मीठे बोल बोलि ठगी पहिलें तौ तब
अब जिय जारत कहो धौं कौन न्याय है।
सुनी है कै नाहीं यह प्रगट कहावति जू
काहू कलपाय है सु कैसे कल पाय है॥2॥

सवैया

हीन भए जल मीन अधीन कहा कछु मो अकुलानि समानै।
नीरस नेही कों लाय कलंक निरास ह्वै कायर त्यागत प्रानै॥
प्रीति की रीति सु क्यों समझै जड़ मीत के पानै परै को प्रमानै।
या मन की जुदसा घन आनँद जीव की जीवन जान ही जानै॥3॥

मीत सुजान अनीति करो जिन हा हा न हूजिए मोहि अमोही।
दीठि कों और कहूँ नहिं ठौर फिरी दृग रावरे रूप की दोही॥

एक बिसास की टेक गहें लगि आस रहै बसि प्रान बटोही।
हौ घनआनँद जीवनमूल दई कित प्यासनि मारत मोही॥4॥

पहिलें घनआनँद सींचि सुजान कहीं बतियाँ अति प्यारपगी।
अब लाय वियोग की लाय बलाय बढ़ाय बिसास दगानि दगी।
अँखियाँ दुखयानि कुबानि परी न कहूँ लगैं कौन घरी सु लगी।
मति दौरि थकी न लहै ठिक ठौर अमोही के मोह मिठास ठगी॥5॥

क्यों हँसि हेरि हर्‌यो हियरा अरु क्यों हित कै चित चाह बढ़ाई।
काहे को बोलि सुधासने बैननि चैननि मैननि सैन चढ़ाई॥
सो सुधि मो हिय मैं घनआनँद सालति केहूँ कढ़ै न कढ़ाई।
मीत सुजान अनीति की पाटी इते पै न जानिये कौन पढ़ाई॥6॥

कवित्त

प्रीतम सुजान मेरे हित के निधान कहौ
कैसें रहैं प्रान जो अनखि अरसाय हौ।
तुम तो उदार दीन हीन आनि पर्‌यो द्वार
सुनिए पुकार याहि कौ लौं तरसाय हौ॥
चातक है रावरो अनोखो मोहि आवरो सु–
जान रूप बावरो बदन दरसाय हौ।
बिरह नसाय दया हिय मैं बसाय आय
हाय कब आनँद को घन बरसाय हौ॥7॥

सवैया

तब तौ छबि पीवत जीवत हे अब सोचनि लोचन जात जरे।
हित पोष के तोषतु प्रान पले बिललात महा दुख दोष भरे॥
घनआनन्द मीत सुजान बिना सबही सुख साज समाज टरे।
तब हार पहार से लागत हे अब आनि कै बीच पंहार परे॥8॥

पहिले अपनाय सुजान सनेह सों क्यों फिर नेह को तोरिए जू।
निरधार अधार दै धार मँझार दई गहि बाँह न बोरिए जू॥
घनआनँद आपने चातक कों गुन बाँधिलै मोह न छोरिए जू।
रस प्यार कैं ज्याय बढ़ाय कैं आस बिसाय मैं यौं विष घोरिए जू॥9॥

रावरे रूप की रीति अनूप नयो नयो लागत ज्यों ज्यों निहारिए।
त्यों इन आँखिनि बानि अनोखी अघानि कहूँ नहीं आन तिहारिए॥
एकही जीव हुतौ सुतौ वार्‌यो सुजान सकोच औ सोच सहारिए।
रोको रहै न दहै घनआनँद बावरी रीझ के हाथनि हारिए॥10॥

कवित्त

आसही अकास मधि अवधि गुनै बढ़ाय
चोपनि चढ़ाय दीनौ कीनौ खेल सो यहै।
निपट कठोर एहौ ऐंचत न आप ओर
लाड़ले सुजान सौं दुहेली दसा को कहै॥
अचिरजमई मोहि भई घनआनँद यों
हाथ साथ लाग्यो पै समीप न कहूँ लहै।
बिरह समीर की झकोरनि अधीर नेह
नीर भीज्यो जीव तऊ गुड़ी लों उड़्यो रहै॥11॥

सवैया

घनआनँद जीवन मूल सुजान की कौंधन हूँ न कहूँ दरसैं।
सु न जानिये धौं कित छाय रहे दृग चातिक प्रान तपे तरसैं॥
बिन पावस तो इन्हें थ्यावस हो नसु क्योंकरि ये अबसौ परसैं।
बदरा बरसै ऋतु मैं घिरिकै तिनही अँखियाँ उघरी बरसैं॥12॥

कवित्त

केतो घट सोधौं पै न पाऊँ कहाँ आहि सो धौं
को धौं जीव जारै अटपटी गति दाह की।
धूम कों न धरै गात सीरो परै ज्यों ज्यों जरै
ढरै नैन नीर बीर हरै मति आह की॥
जतन बुझैहै सब जाकी झर आगें अब
कबहूँ न दबै भरी भभक उमाह की।
जब तें निहारे घनआनँद सुजान प्यारे
तब तें अनोखी आगि लागि रही चाह की॥13॥

आँखैं जो न देखैं तो कहा हैं कछु देखति ये
ऐसी दुखहाइनि की दसा आय देखिए।
प्रानन के प्यारे जान रूप उँजियारे बिना

तिहारे मिलन इन्हैं कौन लेखे लेखिए॥
नीर न्यारे मीन औ चकोर चन्दहीन हूँ तैं
अतिही अधीन दीन गति मति पेखिए।
हौ जू घनआनँद ढरारे रसभरे भारे
चातिक बिचारे सों न चूकनि परेखिए॥14॥

जहाँ तैं पधारै मेरे नैननि हों पाँव धारे
वारै ये बिचारे प्रान पैंड़ पैंड़ पैं मनौ।
आतुर न होई हाहा नेकु फैंट छोरि बैठो
मोहि वा बिसासी को है ब्येरो बूझिबो घनौ॥
हाय निरदई कों हमारी सुधि कैसें आई
कौन बिधि दीनी पाती दीन जानि कै भनौ।
झूठ की सचाई छाक्यो त्यों हित कचाई पाक्यो
ताके गुन गन घनआनँद कहा गनौ॥15॥

सोरठा

घनआनँद रस ऐन, कहौ कृपानिधि कौन हित।
मरत पपीहा नैन, दरसौ पै बरसौ नहीं॥16॥

पहचानै हरि कौन, मौसे अनपहचान को।
त्यों पुकार मधिमौन, कृपा कान मधि नैन ज्यों॥17॥

कवित्त

आसा गुन बाँधिकैं भरोसो सिल धरि छाती
पूरे पन सिंधु मैं न बूड़त सकायहौं।
दुख दव हिय जारि अन्तर उदेग आँच
निरन्तर रोम रोम त्रासनि तचायहौं॥
लाख लाख भाँतिन की दुसह दसानि जानि
साहस सहारि सिर आरे लौं चलायहौं।
ऐसें घनआनँद गही है टेक मन साहिं
एरे निरदई तोहिं दया उपजायहौं॥18॥

सवैया

अन्तर आँच उसास तचै अति अंग उसीजै उदेग की आसव।

ज्यो कहलाय मसूसनि ऊमस क्योंहूँ कहूँ सु धरे नहिं थ्यावस॥
नैन उघारि हियें बरसै घनआनँद छाई अनोखिए पावस।
जीवनमूरति जान को आनन है बिन हेरें सदाई अमावस॥19॥

जान के रूप लुभायकै नैननि बेचि करी अधबीच ही लौंड़ी।
फैलि गयी घर बाहिर बात सु नीकें भई इन काज कनौंड़ी॥
क्योंकरि थाह लहै घनआनँद चाह नदी तट ही अति औंड़ी।
हाय दई न बिसासी सुनै कछु है जग बाजति नेह की डौंड़ी॥20॥

दोहा

जानराय जानत सबै, अंतरगत की बात।
क्यों अजान लों करत फिर, मो घायल पर घात॥21॥

सवैया

लै ही रहे हौ सदा मन और को दैबो न जानत जान दुलारे।
देख्यो न है सपनेहूँ कहूँ दुख त्यागे सकोच औ सोच सुखारे।
कैसो संजोग वियोग धौं आहि फिरौ घनआनँद ह्वै मतवारे।
मो गति बूझि परै तबहीं जब होहु घरीकहूँ आपतें न्यारे॥22॥

खोय दई बुधि सोय गयी सुधि रोय हँसै उन्माद जग्यो है।
भौन गहै चकि चाकि रहै चलि बात कहै तन दाह दग्यो है॥
जानि परै नहि जान तुम्हें लखि ताहि कहा कछु आहि खग्यो है।
सोचनिहीं पचिए घनआनँद हेत पग्यो किधौं प्रेत लग्यो है॥23॥

कवित्त

घेरि घबरानी उबरानिही रहति घन
आनन्द आरत राती साधनि मरति हैं।
जीवन अधार जान रूप के अधार बिन
व्याकुल बिकार भरी खरी सुजरति हैं॥
अतन जतन तें अनखि अरसानि वीर
परी पीर भीर क्योंहूँ धीर न धरति हैं।
देखिए दसा असाध अँखियाँ निपेटिनि की
भसमी बिथा पैं नित लंघन करति हैं॥24॥

बिकच नलिन लखैं सकुचि मलिन होति
ऐसी कछू आँखिन अनोखी उरझनि है।
सौरभ समीर आयें बहकि डहकि जाय
राग भरे हिय मैं बिराग मुरझनि है॥
जहाँ जान प्यारी रूप गुन को दीप न लहै
तहाँ मेरे ज्यौ परै विषाद गुरझनि है।
हाय अटपटी दसा निपट चपेटै टीसौ
क्यों हूँ घनआनँद न सूझै सुरझनि है॥25॥

तब ह्वै सहाय हाय कैसे धौं सुहाई ऐसी
सब सुख संग लै वियोग दुख दै चले।
सींचे रस रंग अंग अंगनि अनंग सौंपि
अंतर मैं विषम विषाद बेलि बै चले॥
क्यों धौं ये निगोड़े प्रान जान घनआनँद के
गौहन न लागे जब वे करि बिजै चले।
अतिही अधीर भई पीर भीर घेरि लई
हेली मनभावन जकेली मोहिं कै चले॥26॥

रोम रोम रसना ह्वै लहै जो गिरा के गुन
तऊ जान प्यारी निबरैं न मैन आरतैं।
ऐसें दिनदीन दीन की दया न आई दई
तोहि विष भो यो विषम वियोगसर मार तैं॥
दरस सुरस प्यास भावरे भरत रहौं
फेरिए निरास मोहिं क्यों धों यों बछार तैं।
जीवन अधार घनआनँद उदार महा
कैसें अनसुनी करी चातक पुकार तैं॥27॥

चातिक चुहल चहुँ ओर चाहै स्वातिही कों
सूरे पन पूरे जिन्हें बिष सम अमी है।
प्रफुलित होत भान के उदोत कंज पुंज
ता बिन बिचार निहीं जोतिजाल तमी है॥
चाहौ अनचाहौ जान प्यारे पै आनँदघन
प्रीति रीति विषम सुरोम रोम रमी है।

मोहि तुम एक तुम्हैं मो सम अनेक आहिं
कहा कछु चंदहिं चकोरन की कमी है॥28॥

सवैया

जीवन हौ जिय की सब जानत जान कहा कहि बात जतैए।
जो कछु है सुख संपति सौंज सु नैसिक की हँसि दैन मैं पैए॥
आनन्द के घन लागै अचम्भो पपीहा पुकार तें क्यों अरसैए।
प्रीतिपगी अँखियानि दिखाय कै हाय अनीति सुदीठि छिपैए॥29॥

कवित्त

चोप चाह चावनि चकोर भयो चाहतहीं
सुखमा प्रकाश मुख सुधाकर पूरे कौ।
कहा कहौं कौन विधि की बँधनि बँध्यो
सुकस्यो न उकस्यो बनाव लखि जूरे कौ॥
जाही जाही अंग पऱ्यो ताही गरि गरि सऱ्यो
हऱ्यो बल बापुरे अनंग दल चूरे कौ।
अब बिन देखें जान प्यारी यों अनंदघन
मेरो मन भयो भटू पात है बघूरे कौ॥30॥

भाग (ख)

आधुनिक हिन्दी काव्य

श्रीधर पाठक

इनका जन्म सन् 1859 में आगरा जिले के जोन्धरी गाँव में हुआ। हिन्दी के अतिरिक्त इन्हें अंग्रेजी और संस्कृत का भी अच्छा ज्ञान था। आजीविका के लिए श्रीधर पाठक ने सरकारी नौकरी की। नौकरी के प्रसंग में ही इन्हें काश्मीर और नैनीताल भी जाना पड़ा। इसीलिए इन्हें प्रकृति के निरीक्षण का अच्छा अवसर भी मिला। इन्होंने ब्रजभाषा और खड़ी बोली में कविता लिखी। देशप्रेम, समाज सुधार तथा प्रकृति-चित्रण इनकी कविता के मुख्य विषय रहे। एक ओर इन्होंने भारतोत्थान, भारत प्रशंसा जैसी देशभक्ति पूर्ण कवितायें लिखीं तो दूसरी और जॉर्ज वन्दना जैसी कविताओं में राजभक्ति का भी प्रदर्शन किया। बाल विधवा में विधवाओं की व्यथा का चित्रण किया है।

श्रीधर पाठक कुशल अनुवादक भी थे। कालिदास के ऋतुसंहार और गोल्डस्मिथ के हरमिट, डेजर्टिड विलेज तथा द ट्रैवलर का इन्होंने एकान्तवासी योगी, उजड़ ग्राम और श्रान्तपथिक नाम से काव्यानुवाद किया। इनकी रचनाओं में वनाष्टक, काश्मीर सुषमा, देहरादून और भारतगीत का विशेष स्थान है। श्रीधर पाठक को स्वच्छन्दतावाद का प्रवर्तक भी कहा जाता है। सन् 1928 में इनका देहावसान हो गया।

सान्ध्य अटन

[1]

विजन वन प्रान्त था
प्रकृति-मुख शान्त था,
अटन का समय था,
रजनि का उदय था,
प्रसव के काल की लालिमा में ल्हिसा,
बाल शशि व्योम की ओर था आ रहा।
सद्य-उत्फुल्ल-अरविन्द-निभ नील सु विशाल
नभ-वक्ष पर जा रहा था चढ़ा।
दिव्य दिङ् नारि की गोद का लाल-सा।
या प्रखर भूख की यातना से प्रहित
पारणा-रक्त-रस-लिप्सु, अन्वेषणा युक्त
या क्रीड़ानासक, मृगराज शिशु,
या अतिव क्रोध-सन्तप्त जर्मन्यनृप-
सा, कि या अभ्र-बैलून उप में छिपा
इन्द्र; या इन्द्र का छत्र, या ताज, या
स्वर्ग्य गजराज के भाल का साज, या,
कर्ण उत्ताल, या स्वर्ण का थाल-सा।
कभी यह भाव था, कभी वह भाव था;
देखने का चढ़ा चित्त में चाव था।

[2]

विजन वन शान्त था,
चित्त अभ्रान्त था

रजनि आनन अधिक
हो रहा कान्त था
स्थान-उत्थान के साथ ही चन्द्र मुख
भी समुज्जल लगै था अधिकतर भला।

[3]

उस विमल बिम्ब के अनति ही दूर, उस
समय एक व्योम में बिन्दु-सा लख पड़ा।
स्याह था रंग कुछ गोल गति डोलता
किया अति रंग में भंग उसने खड़ा।
उतरते-उतरते आ रहा था उधर
जिधर को शून्य सुनसान थल था पड़ा।
आम के पेड़ से थी जहाँ दीखती
प्रेम आलिंगिता मालती की लता।

[4]

बस उसी वृक्ष के सीस कीं ओर कुछ
खड़खड़ाकर एक शब्द-सा सुन पड़ा।
साथ ही पंख की फड़फड़ाहट तथा
शत्रु निःशंक की कड़कड़ाहट, तथा।
पक्षियों में पड़ी हड़बड़ाहट, तथा
कंठ औ' चोंच की चड़चड़ाहट तथा।
आर्ति-युत कातर-स्वर, तथा शीघ्रता-
युत उड़ाहट-भरा दृश्य इस दिव्य-छवि-
लुब्ध-दृग-युग्म को घृणित अति दिख पड़ा
चित्त अति चकित, अत्यन्त दुखित हुआ।

धन जननी धन कोख वह

क्या ऐसे नर नारि भी जग में हैं शोभित
जिनका जीवन-लक्ष्य हो केवल एक परहित
सब के सुख में जो स्वयम् सच्चा सुख पावैं
दुखियों का दुख देख देख के बिलखैं दुखियावैं
जग के हित के उदय में जिनका हिय हरसैं
जिनके हितमय हृदय में हित ही हित-सिरसैं
क्रिया, कामना, कल्पना, जग को अपनावैं
निज-सुख पर-सुख-सिन्धु में अवगाह मिलावैं
पर-हित-साधन-लीन हो निजता बिसरावैं
निज-पर-द्वन्द्वी-भाव को जड़मूल मिटावैं
जन-समाज सुख-साज में तन मन धन वारैं
हो तत्पर पर-काज में निज जन्म सुधारैं
क्लेश द्वेष का शेष कर विश्वास बढ़ावैं
विश्व मात्र पै स्नेह का रस रंग चढ़ावैं
असत अविद्या अस्त कर सत बोध विकासैं
घर घर गुण-गण-ज्ञान का मणि-दीप प्रकासैं
ईश्वर के ऐश्वर्य की महिमा विस्तारैं
उसके चरण सरोज में दृढ़ प्रेम प्रचारैं
जिनके वचन-विचार-गुण, निर्दूषण निर्भय
जागृति, स्वप्न, सुषुप्ति भी पर-हित-चिंतन-मय
जन्म अहो! जिस कुक्षि से ऐसे जन पावैं
धन जननी धन कोख वह, त्रिभुवन जस गावैं

मैथिलीशरण गुप्त

मैथिलीशरण गुप्त का जन्म 3 अगस्त सन् 1886 को उत्तर प्रदेश के झाँसी जनपद के चिरगाँव नामक स्थान पर हुआ। इन्हें दद्दा के नाम से भी जाना जाता है। इनकी शिक्षा घर पर ही हुई। परिवार से ही इन्हें वैष्णव संस्कार मिले। इन्होंने संस्कृत, हिन्दी, मराठी तथा बांग्ला का ज्ञान प्राप्त किया। आरम्भ में इनकी रचनायें वैश्योपकारक पत्रिका में प्रकाशित हुईं। सन् 1907 में पहली बार इनकी रचना प्रकाशित हुई। इनकी सबसे पहली काव्य-पुस्तक रंग में भंग 1909 में प्रकाशित हुई। सन् 1910 में जयद्रथ वध प्रकाशित हुई। सन् 1912 में प्रकाशित भारत-भारती मुक्तक काव्य की राष्ट्रीय उद्बोधन वाली रचानाओं से ख्याति मिली। सन् 1932 में साकेत महाकाव्य प्रकाशित हुआ।

मैथिलीशरण गुप्त ने उर्मिला, यशोधरा, विष्णुप्रिया, कैकेयी को भी काव्य रूपों में प्रस्तुत किया। इनके काव्य में व्याप्त सांस्कृतिक चेतना के कारण इन्हें भारतीय संस्कृति का आख्याता और राष्ट्रीय चेतना के कारण राष्ट्रकवि कहा गया है। सन् 1936 में साकेत काव्य पर हिन्दी साहित्य सम्मेलन प्रयाग ने मंगलाप्रसाद पारितोषिक से सम्मानित किया। इलाहाबाद विश्वविद्यालय से डी.लिट्. की उपाधि भी प्राप्त हुई। आगरा विश्वविद्यालय ने भी डी. लिट्. की मानद उपाधि से सम्मानित किया। भारत सरकार ने पद्मभूषण से अलंकृत किया। बारह वर्ष तक ये भारतीय संसद के मनोनीत सदस्य भी रहे।

इनकी रचनाओं में रंग में भंग, भारत-भारती, जयद्रथ वध, साकेत, पद्य-प्रबन्ध, शकुन्तला, तिलोत्तमा, चन्द्रहास, वैतालिक, किसान, अनघ, पंचवटी, स्वदेश-संगीत, हिन्दू, शक्ति, सैरन्ध्री, वन-वैभव, वक-संहार, विकट-भट, गुरुकुल, झंकार, यशोधरा, द्वापर, सिद्ध-राज, मंगलघट, नहुष, कुणालगीत, अर्जन और विसर्जन, काबा और कर्बला, विश्व वेदना, अजित, प्रदक्षिणा, पृथ्वीपुत्र, हिडिम्बा, अंजलि और अर्घ्य, जयभारत, राजा-प्रजा, विष्णुप्रिया, उच्छ्वास का विशेष उल्लेख किया जाता है। विरहिणी ब्रजांगना, प्लासी का युद्ध, मेघनाद वध, स्वप्नवासवदत्ता, रुबाइयात उमर खैयाम, वीरांगना तथा वृत्रसंहार इनकी अनूदित रचनायें हैं। इनकी काव्य रचना पृथ्वीपुत्र का श्री ए. जी. शिरेफ ने आर्ट्स एण्ड लेटर्स नाम से अंग्रेजी में अनुवाद किया है।

हिन्दी की वर्तमान दशा

अहो मातृभाषो! दशा देख तेरी, न होती निराशा कभी दूर मेरी।
बड़ा कष्ट है, तू अभी दीन ही है, सभी भाँति से हो रही हीन ही है।

बने राष्ट्र भाषा तुही योग्य ऐसी, नहीं जानता कौन तू श्रेष्ठ जैसी?
निराधार तो भी अभी तू बनी है, पड़ी पा रही हाय! पीड़ा घनी है॥

गुण श्रेष्ठ तेरे सभी जानते हैं, न तो भी तुझे लोग सम्मानते हैं।
गुणों को न जो मानते जान के भी, कहे जायें क्या सभ्य, सज्ञान वे भी?

समुत्थान की मूल है जो हमारी, वही तू जहाँ हो रही क्षीण भारी!
वहाँ ज्ञान-विस्तार की है कथा क्या? कभी दूर होगी हमारी व्यथा क्या?

रहेगी इसी भाँति तू रंक जौ लों, न होगी कभी बुद्धि की वृद्धि तौ लों।
दशा बीज की शोचनीया जहाँ है, फलों की भला कौन आशा वहाँ है?

न दे जो हमें तू जरा भी सहारा, न हो तो हमारा कभी भी गुजारा।
सभी काम होते हमारे तुझी से, जनाते मनोभाव सारे तुझी से॥

सभी भाँति है तू हमें मोददायी, न तेरे बिना है हमारी भलाई
महा पूजनीया सदा तू हमारी, अहो कष्ट! तो भी गयी तू बिसारी॥

सभी यातना जो हमारी हरेगी, भला सर्वदा जो हमारा करेगी।
वही तू गयी है हमीं से बिसारी, अहो! बुद्धि मारी गयी है हमारी॥

न सत्कार तेरा कहीं कीर्तिकारी, दशा हाय! जाती न तेरी निहारी।
न तेरा जरा भी हमें ध्यान आता, भला क्या करेगा हमारा विधाता॥

जहाँ पूज्य का है तिरस्कार होता, वहाँ बन्द कल्याण का द्वार होता।
जहाँ आत्म-कर्त्तव्य पाला न जाता, वहाँ क्या कभी सौख्य हैं पास आता॥

बना रिक्त साहित्य भण्डार तेरा, लुटा-सा पड़ा पुस्तकागार तेरा।
दशा देख तेरी सभी विज्ञ रोते, नहीं चार छै ग्रन्थ साहित्य होते॥

कहीं तो उपन्यास हैं नाशकारी, कहीं नायिका भेद की धूम भारी।
किये है कहीं कोक बे रोक डेरा, किसी काम का है न साहित्य तेरा॥

नहीं श्रेष्ठ साहित्य होता जहाँ का, न उत्कर्ष होता कभी है वहाँ का।
सभी जातियों की भलाई बुराई, गयी नित्य साहित्य ही से लगाई।

पड़े सभ्य सम्पूर्ण सोते जहाँ हैं, जबानी जमाखर्च होते जहाँ हैं।
बता, कौन तेरा वहाँ दुःख खोवे, कहाँ से तुझे प्राप्त साहित्य होवे?

बने जो यहाँ लोग साहित्यसेवी, न तेरा जरा भी उन्हें ध्यान देवी।
धन-प्राप्ति के ध्यान में मग्न कोई, वृथा वाद में हाय! हाँ लग्न कोई॥

न बोले बिना काम होता हमारा, सुभाषा बिना बोलना व्यर्थ सारा।
न होगी अहो। पुष्ट जौ लों स्वभाषा, हमारी फलीभूत होगी न आशा।

अँगरेजों के प्रति

सुनें प्रथम शासक अँगरेज
जो कहने करने में तेज।

यदि सचमुच तुम योग्य, उदार
तो पावें हम निज अधिकार।

अब भी यदि अयोग्य हम लोग,
तो असाध्य तुमसे यह रोग।

और दूर से तुम्हें प्रणाम,
रहे हमारा रक्षक राम।

प्राप्त हुए किस पद का भार—
हम न सँभाल सके प्रति वार?

डाल दिये कब हमने स्कन्ध?
कर न सके हम कौन प्रबन्ध?

क्या शासन, क्या न्याय विभाग,
क्या यूरप की-सी वह आग,

(जिसमें जले जगत के वीर)
सिद्ध हुए हम कहाँ अधीर?

स्वयं जगाकर नूतन भाव,
दिखलाओ न हठीले हाव।

मेंटो उनकी क्षुधा नितान्त,
तभी रहेंगे हम तुम शान्त।

निज शासन-सेवा का मोल,
लेते हो जो तुम जी खोल।

देकर उसे, बाप रे बाप!
बिके जा रहे हैं हम आप!

किसकी रक्षा को सरकार,
इतनी फौजों की दरकार?

देते हैं मच्छर तक दंश,
मिटते यहाँ वंश के वंश।

मलेरिया, हैजा, दुष्काल,
और शीतला-कोप कराल,

आज इन्फ्लुऐंजा, कल प्लेग,
कालचक्र चल रहा सवेग!

कोटि कोटि कीटाणु कठोर,
घेरे हैं हमको सब ओर।

तिस पर भी हम शिक्षा-हीन,
भोग रहे हैं दुर्गति दीन।

मरे नशों का मारा मुल्क।
पर उनसे मिलता है शुल्क।

शिक्षा और स्वास्थ्य के अर्थ,
बजट बना रहता असमर्थ!

अनुभव करो हमारे भाव,
यही हमारा है प्रस्ताव।

कुछ अवश्य है जो हम लोग,
तज दें शासन का सहयोग।

करके कोई यों ही खेल,
जाना नहीं चाहता जेल।

है अवश्य कुछ विधि बेजोड़,
दें जो हम विधान तक तोड़।

वह शासन है स्वयं कलंक,
जिसमें जन हों दिन दिन रंक।

भूखों मरें, न पावें वस्त्र,
हो जावें निर्बल निःशस्त्र।

छोड़ो अमन चैन की भ्रान्ति,
यह है मृतकों की-सी शान्ति!

फैला है भीषण आतंक,
रहते हैं जन सभय सशंक।

नैतिक और मानसिक ह्रास,
बना रहे हैं हमको ग्रास।

अर्थी नहीं देखते दोष,
सभी कराती क्षुधा सरोष।

समझो व्यथा हमारी वीर,
कि हम कहाँ तक हुए अधीर।

व्यर्थ किन्तु तज जीवन-मोह,
करते हैं जब तब विद्रोह।

इसका कारण सोचो हाय!
पतित न हों हम, करो सहाय,

हम हैं विवश, यही अपमान
हमें भुला देता है भान।

निर्बल होने से सविशेष,
करते हैं हम ईर्ष्या-द्वेष।

हमें सबल होने दो शूर!
कि हम कर सकें उसको दूर।

और कर सकें निर्भय प्रेम,
जिसमें है क्षोणी का क्षेम।

पावें हम दोनों अवकाश,
करें संकुचितता का नाश।

घृणा और बदले के भाव,
कर न सकें हममें घर घाव।

हों करुणा करने के योग्य,
क्षमा-भाव भरने के योग्य।

बातें ही मीठी ज्यों ऊख,
मिटा नहीं सकती हैं भूख!

दो दायित्व हमें परिपूर्ण,
हो अनात्म विश्वास विचूर्ण।

डूब रहे हम, डूब न जाएँ,
इस जीवन से ऊब न जाएँ।

बनो समय-सागर के सेतु,
राजा स्वयं काल का हेतु।

दो सुयोग, लो पाणिरपर्श,
सफल करें हम निज आदर्श।

न हो और बाधक हे तात,
तुम असाध्य-साधक विख्यात।

लो यश या अपयश इस ओर,
न्याय करो या दमन कठोर।

हम निश्चित हैं कृतसंकल्प,
लेंगे क्या स्वराज्य से अल्प!

और न पिछड़ो करके देर,
हो कृतकृत्य धरोहर फेर।

सच्चे हो तो हो सन्नद्ध,
तुम हो देने को प्रणबद्ध।

ऐसा करो कि रस रह जाय,
आपस में कुछ बस रह जाय।

वंचित करे न तुमको लोभ,
हमें पथच्युत करे न क्षोभ।

शासन में हैं दारुण दोष,
पर तुम गुण रत्नों के कोष।

उस पर है कितनी भी खीझ,
किन्तु हमारी तुम पर रीझ।

हे अँगरेज़, सुनो सस्नेह,
प्रीति योग्य तुम निस्सन्देह।

तुमसे कुशल जनों का संग,
देगा किसे न ओज-उमंग।

पर. समता रखती है प्रीति
सहन नहीं कर सकती भीति।

वह अनियंत्रित सत्ता भेंट,
देंगे हम मैत्री की भेंट।

आवे वह दिन आवे शीघ्र,
यह सब भय मिट जावे शीघ्र।

प्रकटित हो जब तक वह योग,
यही मनाते हैं हम लोग–

ब्रिटिश-सिंह, तुम रहो वरिष्ट,
बनकर किन्तु नागरिक शिष्ट।

मरो वन्य बल पर मत धीर,
जिया और जीने दो वीर!

हों असवर्ण हमारे चर्म,
पर सवर्ण हैं शोणित मर्म।

मन दौड़े तो बिना प्रयास,
पूर्व और पश्चिम सब पास।

जयशंकर प्रसाद

जयशंकर प्रसाद का जन्म काशी के गोवर्धन सराय मुहल्ले के प्रतिष्ठित सुँघनी साहू वैश्य परिवार में सन् 1889 को हुआ। इनके पितामह श्री शिवरत्न साहू उदार दानशील तथा काव्यप्रेमी थे। इनके पिता श्री देवीप्रसाद साहू विद्वानों और कलाकारों का आदर करते थे। परिवार की परम्परा में ये शिवोपासक रहे। घर पर ही इन्हें संस्कृत, हिन्दी, फारसी और उर्दू की शिक्षा दी गयी। क्वींस कॉलिज में इनका नाम लिखाया गया। यहाँ पर वे आठवीं तक ही पढ़ पाये। बाल्यावस्था में पिता के साथ देश के विभिन्न स्थानों की यात्रा करने का सौभाग्य इन्हें प्राप्त हुआ। बारह वर्ष की अवस्था में इनके पिता का देहान्त हो गया। इसके दो-तीन वर्ष बाद इनकी माता तथा ज्येष्ठ भ्राता का भी देहावसान हो गया। अतः 17 वर्ष की छोटी आयु में ही परिवार का सारा उत्तरदायित्व इन पर पड़ गया। कुछ ही समय पश्चात् वैभवशाली परिवार ऋण के भारी बोझ से दब गया। घर पर ही होने वाली समस्यापरक गोष्ठियों से इन्हें काव्य-रचना की प्रेरणा प्राप्त हुई।

नौ वर्ष की अल्पायु में ही जयशंकर प्रसाद ने कलाधर नाम से एक सवैया की रचना की। पहले ये ब्रजभाषा में रचना करते रहे बाद में खड़ी बोली को काव्य-रचना का आधार बनाया। इनकी आरम्भिक रचनाएँ इन्दु नामक मासिक पत्रिका में प्रकाशित हुईं। सन् 1918 ई. में चित्राधार नाम से प्रथम संग्रह प्रकाशित हुआ। इसमें कविता, कहानी, नाटक, निबन्ध आदि सम्मिलित थे। ब्रज तथा खड़ी बोली दोनों भाषाओं में रचनाएँ लिखी गयीं। कानन कुसुम इनका दूसरा संग्रह रहा। सन् 1918 में झरना कविता संग्रह प्रकाशित हुआ। लहर में इनकी मुक्त छन्द की रचनाएँ संकलित हैं। आँसू में कवि की विरह-वेदना व्यक्त हुई है। कामायनी छायावाद की चरम शिखर की गौरवपूर्ण रचना मानी गयी है। सन् 1937 में हिन्दी साहित्य सम्मेलन प्रयाग ने मंगलाप्रसाद पारितोषिक से इन्हें सम्मानित किया। उसी वर्ष (सन् 1937) क्षय रोग से इनका देहावसान हो गया।

चित्राधार, कानन-कुसुम, प्रेमपथिक, करुणालय, महाराणा का महत्त्व, झरना, लहर, आँसू और कामायनी इनकी काव्य रचनाएँ हैं।

सज्जन, कल्याणी परिणय, राज्यश्री, विशाख, कामना, जनमेजय का नागयज्ञ, स्कन्दगुप्त, एक घूँट, चन्द्रगुप्त, अजातशत्रु और ध्रुवस्वामिनी इनके नाटक हैं।

कंकाल, तितली और इरावती (अपूर्ण) इनके उपन्यास हैं।

छाया, प्रतिध्वनि, आकाशद्वीप, आँधी और इन्द्रजाल इनके कहानी संग्रह हैं।

काव्यकला और अन्य निबन्ध इनकी निबन्ध रचना है।

किरण

किरण! तुम क्यों बिखरी हो आज,
रंगी हो तुम किसके अनुराग,
स्वर्ण सरसिज किंजल्क समान
उड़ाती हो परमाणु पराग।

धरा पर झुकी प्रार्थना सदृश
मधुर-मुरली सी फिर भी मौन,
किसी अज्ञात विश्व की विकल
वेदना-दूती-सी तुम कौन?

अरुण शिशु के मुख पर सविलास,
सुनहली लट घुघराली कान्त,
नाचती हो जैसे, तुम कौन?—
उषा के अंचल में अश्रान्त।

भला उस भोले मुख को छोड़,
और चूमोगी किसका भाल,
मनोहर यह कैसा है नृत्य,
कौन देता है सम पर ताल?

कोकनद मधुधारा-सी तरल,
विश्व में बहती हो किस ओर?
प्रकृति को देती परमानन्द
उठाकर सुन्दर सरस हिलोर।

स्वर्ग के सूत्र सदृश तुम कौन,
मिलाती हो उससे भूलोक?
जोड़ती हो कैसा सम्बन्ध,
बना दोगी क्या विरज विशोक!

सुदिनमणि-विलय विभूषित उषा—
सुन्दरी के कर का संकेत—
कर रही हो तुम किसको मधुर,
किसे दिखलाती प्रेम-निकेत?

चपल! ठहरो कुछ लो विश्राम,
चल चुकी हो पथशून्य अनन्त,
सुमन मन्दिर के खोलो द्वार,
जगे फिर सोया वहाँ वसन्त!

झरना
1918 ई.

ओ री मानस की गहराई

ओ री मानस की गहराई!
तू सुप्त, शान्त कितनी शीतल—
निर्वात मेघ ज्यों पूरित जल—
नव मुकुर नीलमणि फलक अमल,
ओ पारदर्शिका! चिर चंचल—
यह विश्व बना है परछाईं!
तेरी विषाद द्रव तरल-तरल
मूर्च्छित न रहे ज्यों पिये गरल
सुख लहर उठा री सरल-सरल
लघु लघु सुन्दर सुन्दर अविरल,
—तू हँस जीवन की सुघराई!
हँस, झिलमिल हो लें तारा गन,
हँस, खिले कुंज में सकल सुमन,
हँस, बिखरें मधु मकरन्द के कन,
बनकर संसृति के नव श्रम कन,
—सब कह दें 'वह राका आई!'
हँस लें भय शोक प्रेम या रण,
हँस ले काला पट ओढ़ मरण,
हँस लें जीवन के लघु लघु क्षण,
देकर निज चुम्बन के मधुकण,
नाविक अतीत की उतराई!

लहर
1933 ई.

सूर्यकान्त त्रिपाठी 'निराला'

निराला जी का जन्म बंगाल के मेदिनीपुर के महिषादल राज्य में 21 फरवरी 1896 को हुआ। इनके पूर्वज उत्तर प्रदेश में उन्नाव जिले के गढ़कोला स्थान के निवासी थे। इनके पिता को महिषादल राज्य में प्रतिष्ठित स्थान मिलने के कारण वे वहाँ चले गये थे। इनके पिता श्री रामसहाय तिवारी महिषादल रियासत में सिपाहियों के जमादार तथा राज्यकोष के संरक्षक थे। रविवार के दिन जन्म लेने के कारण इनका नाम सूर्यकुमार रखा गया। सन् 1917-18 के लगभग अपना नाम बदलकर सूर्यकान्त कर दिया। कलकत्ता में श्री सेठ महादेव प्रसाद द्वारा संचालित पत्र मतवाला में पहुँचने पर इन्होंने अपना नाम निराला रखा। ढाई वर्ष की आयु में ही इनकी माता का देहान्त हो गया था। अतः इनका बचपन पिता की देखरेख में बीता।

बांग्ला, अंग्रेजी, संस्कृत और हिन्दी इन्होंने हाई स्कूल तक सीख ली। ग्यारह वर्ष की अवस्था में मनोहरा देवी से इनका विवाह हुआ। पत्नी के सम्पर्क में इन्होंने हिन्दी को परिपुष्ट और परिष्कृत किया। सरस्वती पत्रिका से इन्होंने पद साधना की। सन् 1916 ई. में जूही की कली की रचना की। इसी समय महिषादल में ही रहते हुए रवीन्द्र कविता कानन तथा हिन्दी-बांग्ला का तुलनात्मक व्याकरण नामक पुस्तकें लिखीं। सन् 1922 में रामकृष्ण मिशन के पत्र समन्वय तथा सन् 1923-24 में मतवाला का सम्पादन किया। कुछ समय के पश्चात ये गंगा पुस्तकमाला लखनऊ के सम्पादक तथा सुधा मासिक के सम्पादकीय लेखक बने। सन् 1930 से लेकर 1942 तक का समय इनके लिए आर्थिक संघर्ष का समय था। जीवन में आये अनेक घात-प्रतिघातों, विधुर जीवन तथा पुत्री की असामयिक मृत्यु के कारण इनका व्यक्तित्व अधिक अक्खड़ बन गया था। 15 अक्तूबर सन् 1961 ई. को निराला जी का देहावसान हो गया।

निराला बहुमुखी प्रतिभा के धनी थे। इन्होंने कविता, उपन्यास, कहानी, रेखाचित्र, निबन्ध, जीवनी तथा समीक्षाएँ लिखीं। बांग्ला तथा संस्कृत से अनुवाद कार्य भी किया। अनामिका, परिमल गीतिका, तुलसीदास, कुकुरमुत्ता, अणिमा, बेला, नये पत्ते, आराधना, अर्चना, गीतगुंज, सान्ध्य काकली इनकी काव्य रचनाएँ हैं।

लिली, चतुरी चमार, सुकुल की बीबी, सखी तथा देवी इनके कहानी संग्रह हैं।

अप्सरा, अलका, प्रभावती, निरुपमा, चोटी की पकड़, काले कारनामे इनके उपन्यास हैं।

कुल्लीभाट, बिल्लेसुर बकरिहा इनके रेखाचित्र हैं।

प्रबन्ध प्रतिमा, प्रबन्ध पद्म, पन्त और पल्लव, चयन, रवीन्द्र कविता कानन, चाबुक इनके निबन्ध और आलोचना कृतियाँ हैं। इनकी जीवनी तथा अन्य विविध रचनाओं की संख्या पच्चीस तक मानी गयी है।

वह तोड़ती पत्थर

वह तोड़ती पत्थर
देखा मैंने उसे इलाहाबाद के पथ पर—
वह तोड़ती पत्थर।
कोई न छायादार पेड़
वह जिसके तले बैठी हुई स्वीकार;
श्याम तन, भर बँधा यौवन,
नत नयन प्रिय-कर्म-रत मन,
गुरु हथौड़ा हाथ,
करती बार-बार प्रहार—
सामने तरु-मालिका अट्टालिका प्राकार।
चढ़ रही थी धूप;
गर्मियों के दिन
दिवा का तमतमाता रूप;
उठी झुलसाती हुई लू—
रूई ज्यों जलती हुई भू,
गर्द चिनगी छा गयी,
प्रायः हुई दुपहर—
वह तोड़ती पत्थर
देखते देखा मुझे तो एक बार,
उस भवन की ओर देखा, छिन्न तार;
देखकर कोई नहीं,
देखा मुझे उस दृष्टि से
जो मार खा रोई नहीं,
सजा सहज सितार,

सुनी मैंने वह, नहीं जो थी सुनी झंकार;
एक छन के बाद वह काँपी सुघर
ढुलक माथे से गिरे सीकर
लीन होते कर्म में फिर ज्यों कहा–
'मैं तोड़ती पत्थर।'

विधवा

वह इष्टदेव के मन्दिर की पूजा-सी
वह दीप-शिखा-सी शान्त, भाव में लीन
वह क्रूर-काल-ताण्डव की स्मृति-रेखा-सी,
वह टूटे तरु की छटी-लता-सी दीन
दलित भारत की ही विधवा है।

षड्ऋतुओं का शृंगार
कुसुमित कानन में नीरव-पद-संचार,
अमर कल्पना में स्वच्छन्द विहार—
व्यथा की भूली हुई कथा है,
उसका एक स्वप्न अथवा है।

उसके मधु-सुहाग का दर्पण
जिसमें देखा था उसने
बस एक बार बिम्बित अपना जीवन-धन,
अबल हाथों का एक सहारा—
लक्ष्य जीवन का प्यारा वह ध्रुवतारा
दूर हुआ वह बहा रहा है
उस अनन्त पथ से करुणा की धारा।

हैं करुणा-रस से पुलकित इसकी आँखें,
देखा तो भीगीं मन-मधुकर की पाँखें;

मृदु रसावेश में निकला जो गुंजार
वह और न था कुछ, था बस हाहाकार!

उस करुणा की सरिता के मलिन पुलिन पर,
लघु टूटी हुई कुटी का, मौन बढ़ाकर
अति छिन्न हुए भीगे अंचल में मन को—
दुःख रूखे-सूखे अधर त्रस्त चितवन को
वह दुनिया की नजरों से दूर बना कर,
रोती है अस्फुट स्वर में;
दुःख सुनता है आकाश धीर—
निश्चल समीर,
सरिता की लहरें भी ठहर-ठहर कर।

कौन उसको धीरज दे सके,
दुःख का भार कौन ले सके?
यह दुःख जिसका नहीं कुछ छोर है,
दैव, अत्याचार कैसा घोर और कठोर है।
क्या कभी पीछे किसी के अश्रु जल?
या किया करते रहे सबको विकल?
ओस-कण-सा पल्लवों से झर गया
जो अश्रु, भारत का उसी से सर गया।

सुमित्रानन्दन पन्त

इनका जन्म 20 मई सन् 1900 ई. को कुमायूँ प्रदेश के जिला अल्मोड़ा में कौशानी ग्राम में हुआ। इनके पिताजी का नाम पं. गंगादत्त पन्त और माता का नाम सरस्वती देवी था। बचपन में इनका नाम गोंसईं दत्त था। जन्म के तुरन्त बाद इनकी माता का देहान्त हो गया। अतः इनका लालन-पालन इनकी दादी ने ही किया। जब ये सात वर्ष की आयु में थे और चौथी कक्षा के विद्यार्थी थे, इन्होंने कविता रचनी आरम्भ कर दी। बालक पन्त का सूना व उदास बचपन प्यार ढूँढ़ने के लिए प्रकृति की गोद में जाता। वहाँ उसे विराट माँ के दर्शन होते। झरने उसके लिए लोरियाँ गाते। हवा थपकियाँ देती। आकाश इन्द्रधनुष का झूला बनाता। इसी प्रकृति प्रेम ने पन्त को कवि बना दिया।

इनकी शिक्षा गवर्नमेंट हाईस्कूल अल्मोड़ा तथा जयनारायण हाईस्कूल बनारस में हुई। मैट्रिक की शिक्षा के पश्चात् आप सन् 1919 ई. में इलाहाबाद के म्योर सैण्ट्रल कॉलिज में भर्ती हुए। सन् 1921 में असहयोग आन्दोलन से उनकी पढ़ाई छूट गयी। फिर स्वतन्त्र रूप से संस्कृत, अंग्रेजी, हिन्दी का ज्ञान प्राप्त किया। प्राकृतिक परिवेश, बड़े भाई के द्वारा मेघदूत का सस्वर पाठ, अल्मोड़ा अखबार, सरस्वती पत्रिका, वेंकटेश्वर समाचार पत्र, हरिऔध तथा मैथिलीशरण गुप्त के काव्य से इनको काव्य लिखने की प्रेरणा प्राप्त हुई। काशी में रहते हुए ही सरोजिनी नायडू, कवीन्द्र-रवीन्द्र, कीट्स तथा शेली आदि रोमांटिक कवियों का गहरा प्रभाव इनके मानस पर पड़ा।

पन्त की काव्य रचना का उन्मेष प्राकृतिक छटा के प्रति मुग्ध भाव रूप में हुआ। कुछ समय पश्चात् गाँधीवादी तथा मार्क्सवादी विचारधारा का प्रभाव इनकी कविता में मुखरित होता है। पन्त की कविता में आधुनिक हिन्दी कविता का पूरा युग चित्रित होता है। इन्होंने रूपाभ मासिक का सम्पादन भी किया। 1950 से 1957 तक आकाशवाणी के परामर्शदाता रहे। इनकी काव्य रचना कला और बूढ़ा चाँद पर सन् 1961 में साहित्य अकादमी नयी दिल्ली द्वारा पाँच हजार रुपये का पुरस्कार दिया गया। इसी वर्ष भारत सरकार ने इन्हें पदम्भूषण से सम्मानित किया। सन् 1964 में प्रकाशित लोकायतन प्रबन्ध काव्य पर सोवियत भूमि की ओर से, सन् 1965 में

प्रथम नेहरू पुरस्कार दिया गया। सन् 1965 में ही उत्तर प्रदेश सरकार ने साहित्यिक सेवा के लिए दस हजार रुपये की राशि देकर सम्मानित किया। सन् 1969 में चिदम्बरा काव्य संग्रह पर भारतीय ज्ञानपीठ की ओर से एक लाख रुपये का पुरस्कार दिया गया। कलकत्ता विश्वविद्यालय ने इन्हें डी.लिट्. की मानद उपाधि प्रदान की। 29 दिसम्बर सन् 1977 ई. को इनका देहान्त हो गया।

उच्छ्वास, ग्रन्थि, वीणा, पल्लव, गुंजन, युगान्त, युगवाणी, ग्राम्या, स्वर्ण-किरण, स्वर्ण धूलि, युगपथ, उत्तरा, अतिमा, वाणी, कला और बूढ़ा चाँद, किरण वीणा, पौ फटने से पहले, गीत हंस, खादी के फूल, लोकायतन, पुरुषोत्तम राम, चिदम्बरा इनकी प्रमुख काव्य रचना हैं। रजत शिखर, शिल्पी, सौवर्ण, अतिमा इनकी काव्य रूपक रचनाएँ मानी गयी हैं। ज्योत्स्ना इनकी नाटक कृति है। पाँच कहानियाँ इनकी कहानी रचना है। साठ वर्ष : एक रेखांकन इनकी आत्मकथा है। हार इनका उपन्यास है। मधुज्वाल (उमर खैयाम की रुबाइयों का अनुवाद) इनकी काव्यानुवाद रचना है। शिल्प और दर्शन, छायावाद : पुनर्मूल्यांकन, कला और संस्कृति, वाद्य-पथ इनकी निबन्ध तथा आलोचना सम्बन्धी कृतियाँ हैं।

निर्झरी

यह कैसा जीवन का गान
अलि! कोमल कल् मल् टल् मल्?
अरी शैल-बाले नादान,
वय अविरल कल् कल् छल् छल्?

झर मर कर पत्रों के पास,
रण मण रोड़ों पर सायास,
हँस हँस सिकता से परिहास
करती हो तुम अलि! झलमल।

स्वर्ण-बेलि-सी खिली विहान,
निशि में तारों की सी यान;
रजत-तान-सी शुचि रुचिमान
फिरती हो रंगिणि रल् मल्!

—दिखा भंगिमय भृकुटि-विलास
उपलों पर बहु-रंगी-लास,
फैलाती हो फेनिल हास,
फूलों के कूलों पर चल।

अलि, यह क्या केवल दिखलाव,
मूक व्यथा का मुखर भुलाव?
अथवा जीवन का बहलाव?
सजल आँसुओं की अंचल!

वही कल्पना है दिन-रात,
बचपन औ यौवन की बात;
सुख की वा दुख की? अज्ञात!
उर अधरों पर है निर्मल!

सरस सलिल की सी कल-तान-
निखिल-विश्व से सिमिट अजान!
विपिन रहस्यों की आख्यान!
गूढ़ बात है कुछ कल् मल्!

–'पल्लव' से
(सितम्बर, 1922)

ग्राम युवती

उन्मद यौवन से उभर
घटा-सी नव असाढ़, की सुन्दर,
अति श्याम वरण,
श्लथ, मन्द चरण,
इठलाती आती ग्राम युवति
वह गजगति
सर्प डगर पर!

सरकाती पट,
खिसकाती लट,—
शरमाती झट,
वह नमित दृष्टि से देख उरोजों के युग घट!
हँसती खलखल
अबला चंचल
ज्यों फूट पड़ा हो स्रोत सरल
भर फेनोज्ज्वल दशनों से अधरों के तट!

वह मग में रुक,
मानो कुछ झुक,
आँचल सँभालती, फेर नयन मुख,
पा प्रिय पद की आहट;
आ ग्राम युवक,
प्रेमी याचक,
जब उसे ताकता है इकटक,
उल्लसित,

चकित
वह लेती मूँद पलक पट।

पनघट पर
मोहित नारी नर!—
जब जल से भर
भारी गागर
खींचती उबहनी वह, बरबस
चोली से उभर उभर कसमस
खिंचते सँग युग रसभरे कलश;—
जल छलकाती
रस बरसाती
बल खाती वह घर को जाती,
सिर पर घट
उर पर धर पट!

कानों में गुड़हल
खोंस,—धवल
या कुँई, कनेर, लोध, पाटल;
वह हरसिंगार से कच सँवार,
मृदु मौलसिरी के गूँथ हार,
गऊओं सँग करती वन बिहार,
पिक चातक के सँग दे पुकार—

वह कुँद, काँस से,
अमलतास से,
आम्र मौर, सहजन, पलाश से,
निर्जन में सज ऋतु सिंगार।

तन पर यौवन सुषमाशाली
मुख पर श्रमकण, रवि की लाली,
सिर पर धर स्वर्ण शस्य डाली,
वह मेंड़ों पर आती जाती,
उरु मटकाती,

कटि लचकाती
चिर वर्षातप हिम की पाली
धनि श्याम वरण,
अति क्षिप्र चरण,
अधरों से धरे पकी बाली
रे दो दिन का
उसका यौवन!
सपना छिन का
रहता न स्मरण!
दुःखों से पिस,
दुर्दिन में घिस,
जर्जर हो जाता उसका तन!
ढह जाता असमय यौवन धन!
बह जाता तट का तिनका
जो लहरों से हँस-खेला कुछ क्षण!!

—**'ग्राम्या' से**
(दिसम्बर, 39)

महादेवी वर्मा

महादेवी वर्मा का जन्म सन् 1907 ई. में उत्तर प्रदेश के फर्रुखाबाद नगर में एक शिक्षा सम्पन्न परिवार में हुआ। इनके पिता श्री गोविन्द प्रसाद वर्मा तथा माता श्रीमती हेमरानी देवी अत्यन्त धर्मपरायण भक्त महिला थीं। इनके नाना ब्रजभाषा में काव्य रचना करते थे। इनकी प्रारम्भिक शिक्षा इन्दौर में हुई। घर पर ये चित्रकला और संगीत सीखती रहीं। केवल ग्यारह वर्ष की उम्र में इनका विवाह हो गया। सन् 1933 ई. में इन्होंने इलाहाबाद विश्वविद्यालय से संस्कृत एम.ए. प्रथम श्रेणी में पास किया। इसके बाद ये प्रयाग महिला विद्यापीठ की प्रधानाचार्या बनीं। इन्होंने साहित्य संसद नामक संस्था की स्थापना भी की। इसके द्वारा ये जरूरतमन्द कलाकारों को आर्थिक सहायता भी देती रहीं। कुछ समय तक ये उत्तर प्रदेश विधान सभा की सदस्य भी रहीं। इन्होंने चाँद तथा साहित्यकार नामक पत्रिकाओं का सम्पादन कार्य भी किया। इनके काव्य-संग्रह नीरजा पर सेक्सरिया पुरस्कार मिला। यामा नामक काव्य संग्रह पर मंगला प्रसाद पारितोषिक सम्मान से इन्हें सम्मानित किया गया। भारत सरकार ने इन्हें पद्म भूषण की उपाधि से अलंकृत किया। इन्हें ज्ञानपीठ पुरस्कार के अतिरिक्त उत्तर प्रदेश शासन संस्थान का पुरस्कार भी प्राप्त हुआ। हिन्दी साहित्य सम्मेलन में इन्हें भारतेन्दु पुरस्कार दिया गया। सन् 1987 ई. में इनकी मृत्यु हो गयी।

नीहार, रश्मि, नीरजा, सान्ध्यगीत और दीपशिखा इनके काव्य संग्रह हैं। यामा नामक रचना में इनके प्रथम चार काव्य ग्रन्थों को संकलित किया गया है। सप्तपर्णा इनकी अनुवाद कृति है। हिमालय नामक कृति में इन्होंने अन्य कवियों की हिमालय सम्बन्धी कविताओं को संकलित किया है। इनका रघुवंश का अनुवाद अभी तक अप्रकाशित है। स्मृति की रेखाएँ में इनके संस्मरण हैं। शृंखला की कड़ियाँ में इनके निबन्ध हैं। क्षणदा, पथ के साथी, अतीत के चलचित्र इनके रेखाचित्र हैं। साहित्यकार की आस्था और अन्य निबन्ध, विवेचनात्मक गद्य, संकल्पिता इनकी निबन्ध रचनाएँ हैं। सम्भाषण कृति में इनके भाषणों का संग्रह है।

कौन पहुँचा देगा उस पार

घोर तम छाया चारों ओर
घटाएँ घिर आयीं घन घोर;
वेग मारुत का है प्रतिकूल
हिले जाते हैं पर्वतमूल;
गरजता सागर बारम्बार
कौन पहुँचा देगा उस पार?

तरंगें उठीं पर्वताकार
भयंकर करती हाहाकार,
अरे उनके फेनिल उच्छ्वास
तरी का करते हैं उपहास;
हाथ से गयी छूट पतवार,
कौन पहुँचा देगा उस पार?

ग्रास करने नौका स्वच्छन्द
घूमते फिरते जलचरवृन्द;
देखकर काला सिन्धु अनन्त
हो गया हा साहस का अन्त!
तरंगें हैं उत्ताल अपार,
कौन पहुँचा देगा उस पार?

बुझ गया वह नक्षत्र प्रकाश
चमकती जिसमें मेरी आश;
रैन बोली सज कृष्ण दुकूल
विसर्जन करो मनोरथ फूल;

न लाये कोई कर्णाधार;
कौन पहुँचा देगा उस पार?

सुना था मैंने इसके पार
बसा है सोने का संसार,
जहाँ के हँसते विहग ललाम
मृत्यु-छाया का सुन कर नाम!
धरा का है अनन्त शृंगार;
कौन पहुँचा देगा उस पार?

जहाँ के निर्झर नीरव गान
सुना करते अमरत्व प्रदान;
सुनाता नभ अनन्त झंकार
बजा देता उर के सब तार;
भरा जिसमें असीम सा प्यार,
कौन पहुँचा देगा उस पार?

पुष्प में है अनन्त मुस्कान
त्याग का है मारुत में गान;
सभी में है स्वर्गीय विकास
वही कोमल कमनीय प्रकाश;
दूर कितना है वह संसार
कौन पहुँचा देगा उस पार?

सुनाई किसने पल में आन
कान में मधुमय मोहक तान?
तरी को ले जाओ मँझधार
डूब कर हो जाओगे पार;
विसर्जन ही है कर्णाधार;
वही पहुँचा देगा उस पार?

चुभते ही तेरा अरुण बान

चुभते ही तेरा अरुण बान।
बहते कन-कन से फूट-फूट मधु के निर्झर से सजल गान।

इन कनक रश्मियों में अथाह,
लेता हिलोर तम-सिन्धु जाग;
बुदबुद से वह चलते अपार
उसमें विहगों के मधुर राग;
बनती प्रवाल का मृदुल कूल जो क्षितिज-रेखा थी कुहर म्लान।

नव कुंद-कुसुम से मेघ-पुंज,
बन गये इन्द्रधनुषी वितान;
दे मृदु कलियों की चटक, ताल,
हिम-बिन्दु नचाती तरल प्राण;
धो स्वर्ण-प्रात में तिमिर-गात दुहराते अलि निशि-मूक तान।

सौरभ का फैला केश-जाल,
करती समीर-परियाँ विहार;
गीली केशर-मद झूम-झूम
पीते तितली के नवकुगार
मर्मर का मधु संगीत छेड़ देते हैं हिल पल्लव अजान।

फैला अपने मृदु स्वप्न-पंख,
उड़ गयी नींद-निशि क्षितिज पार;
अधखुले दृगों के कंज-कोष,
पर छाया विस्मृति का खुमार;
रग रहा हृदय ले अश्रु-हास यह चतुर चितेरा सुधि-विहान।

—रश्मि

भाग (ग)

छायावादोत्तर काव्य

रामधारी सिंह 'दिनकर'

दिनकर जी का जन्म बिहार में मुंगेर जिले के सिमरिया नामक एक छोटे-से गाँव में 30 सितम्बर, सन् 1908 ई. को हुआ। इनकी प्रारम्भिक शिक्षा गाँव के स्कूल में हुई। मोकामा घाट के हाईस्कूल से माध्यमिक परीक्षा पास की। सन् 1932 ई. में पटना विश्वविद्यालय से इतिहास में बी.ए. ऑनर्स की डिग्री प्राप्त की। इसके पश्चात् ये सीतामढ़ी में सब-रजिस्ट्रार बने। मुजफ्फरपुर कॉलेज के आचार्य पद पर भी इन्होंने कार्य किया।

मैट्रिक करते-करते ही इनका ओजस्वी कवि रूप भी सामने आ गया था। मैथिलीशरण गुप्त के भारत-भारती तथा रामनरेश त्रिपाठी के पथिक का इनके मानस पर प्रभाव दिखाई देता है। जबलपुर से प्रकाशित छात्र सहोदर मासिक में भी इनकी रचनाएँ छपीं। आरम्भ में इनकी कुछ रचनाएँ अमिताभ उपनाम से भी प्रकाशित हुईं। 'दिनकर' छायावादोत्तर काल के अग्रणी कवियों में गिने जाते हैं। दिनकर प्रेम, राष्ट्रीयता और क्रान्ति के कवि रहे हैं। इन्हीं भावनाओं को लेकर अतीत से वर्तमान एवं भविष्य की प्रेरणा ग्रहण करते हैं। दिनकर के विचारानुसार हमारा अतीतकाल गौरवशाली और समृद्ध था। यदि हम उसी को स्मरण करते हुए भविष्य के लिए सचेत तथा उद्‌बुद्ध रहें तब निस्सन्देह हमारा भविष्य भी अत्यन्त उज्ज्वल हो सकता है। दिनकर जी की प्राचीन भारतीय संस्कृति पर अगाध श्रद्धा है। इनकी रचनाएँ ओज से भरी हुई हैं। इनकी दृष्टि भारतीय राजनीति से आगे बढ़कर अन्तरराष्ट्रीय राजनीति तक पहुँच जाती है।

आरम्भ में इन्होंने छायावादी ढंग की भी कुछ कविताएँ लिखीं। इन्हें सामाजिक चेतना का कवि माना गया है। व्यक्तिपरकता, सौन्दर्य प्रेम और सामाजिक चेतना के मिश्रण से होता हुआ वर्तमान दैन्य के प्रति आक्रोश और विश्ववेदना का स्वर इनकी कविता में मुखर हुआ है। दिनकर की बहुमुखी प्रतिभा का विस्तार गद्य एवं पद्य दोनों क्षेत्रों में हुआ है। प्रबन्ध, मुक्तक काव्य के साथ-साथ निबन्ध, यात्रा-संस्मरण, आलोचना, संस्कृति, इतिहास, धर्म और दर्शन पर भी इन्होंने पुस्तकें लिखी हैं। इन्होंने अनेक समारोहों तथा सम्मेलनों की अध्यक्षता की। ये राज्य सभा के सम्मानित सदस्य

भी रहे। भारत सरकार ने इनको पद्म भूषण की उपाधि से अलंकृत किया। भारत सरकार के हिन्दी सलाहकार तथा भागलपुर विश्वविद्यालय के उप-कुलपति भी रहे। इनकी गद्य पुस्तक संस्कृति के चार अध्याय को साहित्य अकादमी दिल्ली ने पुरस्कृत किया। इनके काव्य ग्रन्थ उर्वशी पर सन् 1972 ई. में भारतीय ज्ञानपीठ की ओर से एक लाख रुपये के पुरस्कार से सम्मानित किया गया। बिहार राष्ट्रभाषा परिषद के संचालक मण्डल के सम्मानित सदस्य तथा भारत सरकार की अनेक समितियों के साथ राजभाषा आयोग के सदस्य भी रहे। इन्हें डी.लिट्. की मानद उपाधि भी प्रदान की गयी। इनकी मृत्यु 25 अप्रैल सन् 1974 ई. को हुई।

कुरुक्षेत्र इनका महाकाव्य है। उर्वशी इनका काव्य नाटक है। प्रणभंग और रश्मिरथि खण्ड काव्य हैं। मिर्च का मजा, बारडोली विजय, दिल्ली, इतिहास के आँसू, धूपछाँह इनके प्रबन्ध काव्य हैं। परशुराम की प्रतीक्षा, नीम के पत्ते, हुंकार, रेणुका, सामधेनी, रसवंती, सीपी और शंख इनके मुक्तक काव्य हैं। रेती के फूल, लोकदेव नेहरू, मिट्टी की ओर, काव्य की भूमिका, शुद्ध कविता की खोज, संस्कृति के चार अध्याय इनकी गद्य रचनाएँ हैं।

लोहे के पेड़ हरे होंगे

लोहे के पेड़ हरे होंगे, तू गान प्रेम का गाता चल,
नम होगी यह मिट्टी जरूर, आँसू के कण बरसाता चल।
सिसकियों और चीत्कारों से, जितना भी हो आकाश भरा,
कंकालों का हो ढेर, खप्परों से चाहे हो पटी धरा।
आशा के स्वर का भार, पवन को लेकिन, लेना ही होगा,
जीवित सपनों के लिए मार्ग मुर्दों को देना ही होगा।
रंगों के सातों घट उँड़ेल, यह अँधियाली रँग जायेगी,
ऊषा को सत्य बनाने को जावक नभ पर छितराता चल।
आदर्शों से आदर्श भिड़े; प्रज्ञा प्रज्ञा पर टूट रही,
प्रतिमा प्रतिमा से लड़ती है, धरती की किस्मत फूट रही
आवर्तों का है विषम-जाल, निरुपाय बुद्धि चकराती है,
विज्ञान-यान पर चढ़ी हुई सभ्यता डूबने जाती है।
जब-जब मस्तिष्क जयी होता, संसार ज्ञान से जलता है,
शीतलता की है राह हृदय, तू वह संवाद सुनाता चल।
सूरज है जग का बुझा-बुझा, चन्द्रमा मलिन-सा लगता है,
सबकी कोशिश बेकार हुई आलोक न इनका जगता है।
इन मलिन ग्रहों के प्राणों में कोई नवीन आभा भर दे,
जादूगर! अपने दर्पण पर घिसकर इनको ताजा कर दे।
दीपक के जलते प्राण, दिवाली तभी सुहावन होती है,
रोशनी जगत को देने को अपनी अस्थियाँ जलाता चल।
क्या उन्हें देख विस्मित होना, जो हैं अलमस्त बहारों में,
फूलों को जो हैं, गूँथ रहे सोने-चाँदी के तारों में?
मानवता का तू विप्र, गन्ध-छाया का आदि पुजारी है,
वेदना-पुत्र! तू तो केवल जलने भर का अधिकारी है।

ले बड़ी खुशी से उठा, सरोवर में हँसता चाँद मिले,
दर्पण में रचकर फूल, मगर, उसका भी मोल चुकाता चल।

काया की कितनी धूम-धाम? दो रोज चमक बुझ जाती है,
छाया पीती पीयूष, मृत्यु के ऊपर ध्वजा उड़ाती है।
लेने दो जग को उसे, ताल पर जो कलहंस मचलता है,
तेरा मराल जल के दर्पण में नीचे-नीचे चलता है।

कनकाभ धूल झर जाएगी, ये रंग कभी उड़ जाएँगे,
सौरभ है केवल सार, उसे तू सबके लिए जुगाता चल।

क्या अपनी उनसे होड़, अमरता की जिनको पहचान नहीं
छाया से परिचय नहीं, गन्ध के जग का जिनको ज्ञान नहीं?
जो चतुर चाँद का रस निचोड़ प्यालों में ढाला करते हैं।
भट्ठियाँ चढ़ाकर फूलों से जो इत्र निकाला करते हैं।

ये भी जागेंगे कभी, मगर, आधी मनुष्यता वालों पर,
जैसा मुसकाता आया है, वैसे अब भी मुसकाता चल।

सभ्यता-अंग पर क्षत कराल, यह अर्ध-मानवों का बल है,
हम रोकर भरते उसे, हमारी आँखों में गंगाजल है।
सूली पर चढ़ा मसीहा को वे फूले नहीं समाते हैं,
हम शव को जीवित करने को छायापुर में ले जाते हैं।

भीगी चाँदनियों में जीता, जो कठिन धूप में मरता है;
उजियाली से पीड़ित नर के मन में गोधूली बसाता चल।

यह देख नयी लीला उनकी, फिर उसने बड़ा कमाल किया,
गाँधी के लोहू से सारे भारत-सागर को लाल किया।
जी उठे राम, जी उठे कृष्ण, भारत की मिट्टी रोती है,
क्या हुआ कि प्यारे गाँधी की, यह लाश न जिन्दा होती है?

तलवार मारती जिन्हें, बाँसुरी उन्हें नया जीवन देती,
जीवनी-शक्ति के अभिमानी! यह भी कमाल दिखलाता चल।

धरती के भाग हरे होंगे, भारती अमृत बरसायेगी,
दिल की कराल दाहकता पर चाँदनी सुशीतल छायेगी।
ज्वालामुखियों के कण्ठों में कलकण्ठी का आसन होगा,
जलदों से लदा गगन होगा, फूलों से भरा भुवन होगा।

बेजान, यन्त्र-विरचित, गूँगी, मूर्तियाँ एक दिन बोलेंगी,
मुँह खोल-खोल सबके भीतर, शिल्पी! तू जीभ बिठाता चल।

बापू

संसार पूजता जिन्हें तिलक रोली फूलों के हारों से ।
मैं उन्हें पूजता आया हूँ, बापू! अब तक अंगारों से॥

अंगार हार उनका, जिनकी सुन हाँक समय रुक जाता है।
आदेश जिधर का देते हैं, इतिहास उधर झुक जाता है॥

तू सहज शान्ति का दूत, मनुज के सहज प्रेम का अधिकारी।
दृग में उँड़ेल कर सहज शील, देखती तुझे दुनिया सारी॥

धरती की छाती से अजस्र, चिर-संचित क्षीर उमड़ता है।
आँखों में भर कर सुधा तुझे, यह अम्बर देखा करता है॥

इतिहास आँकता है गाथा, था भरत भूमि का एक भाग।
संयोग अकारण वहाँ कभी फुंकार उठे विकराल नाग॥

विष की ज्वाला से दह्यमान हो उठा व्यग्र सारा खगोल।
मतवाले नाग अशंक चले खोले जिह्वाएँ लोल-लोल॥

हंसों के नीड़ लगे जलने हंसों की गिरने लगी लाश।
नर नहीं, नारियों से होली खेलने लगा खुल सर्वनाश॥

नारी का शील गिरा खण्डित कौमार्य गिरा लोहू-लुहान।
भगवान् भानु जल उठे क्रुद्ध, चिंघाड़ उठा यह आसमान॥

पर, हिली नहीं कुरु की परिषद्, पर हिले नहीं पाण्डव सभीत।
ललकार कौंध कर चली गयी रह गये सोचते धर्मनीति॥

बापू तू कलि का कृष्ण विकल, आया आँखों में नीर लिये।
थी लाज द्रौपदी की जाती, केशव-सा दौड़ा चीर लिये॥

तू कालोदधि का महास्तम्भ, आत्मा के नभ का तुंग केतु।
बापू! तू मर्त्य अमर्त्य, स्वर्ग, पृथ्वी, भू, नभ का महासेतु॥

तेरा विराट यह रूप कल्पना-पट पर नहीं समाता है।
जितना कुछ कहूँ मगर, कहने को शेष बहुत रह जाता है॥

लज्जित मेरे अंगार, तिलक माला भी यदि ले आऊँ मैं।
किस भाँति उठूँ इतना ऊपर? मस्तक कैसे छू पाऊँ मैं॥

ग्रीवा तक हाथ न जा सकते, उँगलियाँ न छू सकतीं ललाट।
वामन की पूजा किस प्रकार, पहुँचे तुम तक मानव विराट॥

सच्चिदानन्द हीरानन्द वात्स्यायन 'अज्ञेय'

अज्ञेय का जन्म उत्तर प्रदेश के देवरिया जिले के गाँव कसिया में 7 मार्च सन् 1911 में हुआ। इनका पूरा नाम सच्चिदानन्द हीरानन्द वात्स्यायन है। अज्ञेय इनका उपनाम हैं। इनके पिता श्री हीरानन्द शास्त्री पुरातत्त्व विभाग के अधिकारी थे। मूलतः ये कर्तारपुर जिला जालन्धर (पंजाब) भणोत सारस्वत ब्राह्मण कुल से हैं। शिक्षा का प्रारम्भ संस्कृत मौखिक परम्परा से हुआ। मैट्रिक तक की पढ़ाई पिता की देखरेख में हुई। इण्टरमीडिएट की परीक्षा मद्रास से पास की। लाहौर से सन् 1929 में बी.एस-सी. की। इन्होंने अंग्रेजी साहित्य में एम.ए. किया। एम.ए. करते-करते ही ये क्रान्तिकारी आन्दोलन में कूद पड़े। सन् 1930 से 1934 तक जेल में रहे। उसके पश्चात् एक वर्ष तक घर पर ही नज़रबन्द रहे। जेल से छूटने के बाद कुछ समय यह आजाद हिन्द फौज में भी शामिल हुए। सन् 1943 में कैप्टन के रूप में अज्ञेय को कोहिमा फ्रण्ट पर भी भेजा गया। अमेरिका में कुछ काल अध्यापन कार्य भी किया। जोधपुर विश्वविद्यालय (राजस्थान) के आय निदेशक भी रहे। सन् 1987 ई. को अज्ञेय जी का देहान्त हो गया।

अज्ञेय क्रान्तिकारी होने के साथ पत्रकार भी रहे। इन्होंने सैनिक, विशाल भारत, प्रतीक, दिनमान, बिजली, वाक्, नया प्रतीक, नवभारत टाइम्स का सम्पादन भी किया। इनका लेखक व्यक्तित्व बहुआयामी है। कविता, कहानी, उपन्यास, नाटक, निबन्ध, साहित्यिक डायरी, यात्रावृत्त आदि विधाओं को अभिव्यक्ति का माध्यम बनाया है। तारसप्तक के माध्यम से अज्ञेय ने प्रयोगवाद की प्रस्तावना की तथा दूसरा, तीसरा और चौथा सप्तक के द्वारा इस काव्य आन्दोलन को और अधिक पुष्ट किया। अज्ञेय को आँगन के पार द्वार संग्रह पर साहित्य अकादमी दिल्ली का पुरस्कार प्राप्त हुआ है। कितनी नावों में कितनी बार संग्रह पर एक लाख रुपये का ज्ञानपीठ पुरस्कार मिला है। सन् 1984 ई. में इनको युगोस्लाविया के कवि श्री पुरस्कार से सम्मानित किया गया है।

अज्ञेय ने साहित्य की सभी विधाओं पर लेखनी चलाई है। भग्नदूत, चिन्ता, इत्यलम्, हरी घास पर क्षण भर, बावरा अहेरी, इन्द्रधनु रौंदे हुए ये, अरी ओ करुणा

प्रभामय, आंगन के पार द्वार, सुनहले शैवाल, कितनी नावों में कितनी बार, क्योंकि मैं उसे जानता हूँ, सागर मुद्रा, पहले मैं सन्नाटा बुनता हूँ; महावृक्ष के नीचे, नदी की बांक पर छाया इनके काव्य संग्रह हैं। विपथगा, परम्परा, कोठरी की बात, शरणार्थी, जयदोल, ये तेरे प्रतिरूप, लौटती पगडंडियाँ, घोड़ा हुआ सस्ता इनके कहानी संग्रह हैं। शेखर एक जीवनी (दो भाग), नदी के द्वीप, अपने-अपने अजनबी इनके उपन्यास हैं। त्रिशंकु, सबरंग, आत्मनेपद, आलवाल, लिखि कागद कोरे, अद्यतन, संवत्सर इनके निबन्ध संग्रह हैं। भवन्ती, अन्ततः, शाश्वति इनकी साहित्यिक डायरी है। अरे यायावर याद रहेगा; एक बूँद सहसा उछली इनके यात्रा वृत्तान्त हैं।

यह दीप अकेला

यह दीप, अकेला, स्नेह-भरा
है गर्व-भरा मदमाता, पर
इसको भी पंक्ति को दे दो।
यह जन है, गाता गीत जिन्हें फिर और कौन गायेगा?
पनडुब्बा : ये मोती सच्चे फिर और कौन कृति लायेगा?
यह समिधा : ऐसी आग हठीला बिरला सुलगायेगा?
यह अद्वितीय : यह मेरा : यह मैं स्वयं विसर्जित :
यह दीप, अकेला, स्नेह-भरा
है गर्व-भरा मदमाता, पर
इसको भी पंक्ति को दे दो।

यह मधु है : स्वयं काल की मौना का युग-संचय,
यह गोरस : जीवन-कामधेनु का अमृत-पूत पय,
यह अंकुर : फोड़ धरा को रवि को तकता निर्भय,
यह प्रकृत, स्वयम्भू ब्रह्म, अयुत,
इसको भी शक्ति को दे दो।
यह दीप, अकेला, स्नेह-भरा
है गर्व-भरा मदमाता, पर
इसको भी पंक्ति को दे दो।

यह वह विश्वास, नहीं जो अपनी लघुता में भी काँपा,
वह पीड़ा, जिसकी गहराई को स्वयं उसी ने नापा,
कुत्सा, अपमान, अवज्ञा के धुँधुआते कड़वे तम में
यह सदा द्रवित, चिर-जागरूक, अनुरक्त-नेत्र,
उल्लम्ब-बाहु मह चिर-अखण्ड अपनापा।

जिज्ञासु, प्रबुद्ध, सदा श्रद्धामय
इसको भी शक्ति को दे दो
यह दीप, अकेला, स्नेह-भरा
है गर्व-भरा मदमाता, पर
इसको भी पंक्ति को दे दो।

रात होते-प्रात होते

प्रात होते–
सबल पंखों की अकेली एक मीठी चोट से
अनुगता मुझ को बना कर बावली को–
जान कर मैं अनुगता हूँ–
उस विदा के विरह के विच्छेद से तीखे निमिष में भी
युता हूँ–
उड़ गया वह बावला
पंछी सुनहला
कर प्रहर्षित देह की रोमावली को।
प्रात होते।
वही जो
थके पंखों को समेटे–
आसरे की माँग पर विश्वास की चादर लपेटे–
चंचु की उन्मुख विकलता के सहारे
नम रही ग्रीवा उठाये–
सिहरता-सा, काँपता-सा,
नीड़ की–नीड़स्थ सब कुछ की प्रतीक्षा भाँपता-सा,
निकट अपनों के–निकट भवितव्य की
अपनी प्रतिज्ञा के–
निकटतम इस वि-बुध सपनों की सखी के
आ गया था
आ गया था
रात होते!

गजानन माधव मुक्तिबोध

मुक्तिबोध का पूरा नाम गजानन माधव मुक्तिबोध है। इनका जन्म मध्य प्रदेश के ग्वालियर जिले में श्योपुर कस्बे के एक मराठी परिवार में 13 नवम्बर, सन् 1917 ई. में हुआ। बी.ए. करने के बाद मिडिल स्कूल में अध्यापन कार्य किया। सन् 1940 में इन्होंने एम.ए. किया और राजनान्द गाँव के दिग्विजय कालेज में प्रवक्ता बन गये। मुक्तिबोध छायावादोत्तर काव्य के सर्वाधिक चर्चित और प्रतिष्ठित रचनाकार हैं। मुक्तिबोध ने सन् 1935 में लिखना शुरू किया। सन् 1943 में प्रकाशित 'तार सप्तक' में उनकी कविता संकलित हुई। मुक्तिबोध को प्रगतिशील और नयी कविता दोनों में ही प्रमुख कवि के रूप में पहचान मिली। मध्यवर्ग के जीवन की व्यथा, अभावग्रस्तता एवं रिक्तता को इन्होंने सार्थक अभिव्यक्ति प्रदान की है। मुक्तिबोध ने लम्बी कविताएँ लिखी हैं और फैण्टेसी के शिल्प का प्रयोग किया है।

मुक्तिबोध का पहला काव्य संकलन 'चाँद का मुँह टेढ़ा है' इनके जीवन के अन्तिम दिनों में प्रकाशित हुआ। 'भूरी-भूरी खाक' नामक काव्य संकलन भी मृत्यु के अन्तिम दिनों में ही छपा है। मुक्तिबोध ग्रन्थावली भी प्रकाशित हुई है, जिसके प्रथम दो खण्डों में इनकी सभी कविताएँ संकलित हैं। मुक्तिबोध ने अपने जीवन में तरह-तरह के अनेक कार्य किये। स्कूल मास्टरी, पत्रकारिता, वायु सेना की सेवा, कालेज अध्यापन से लेकर कम्युनिस्ट पार्टी के वेतन भोगी कार्यकर्ता तक ये रहे। लम्बी बीमारी के पश्चात् 11 सितम्बर सन् 1964 को इनका देहान्त हो गया।

चाँद का मुँह टेढ़ा है, भूरी-भूरी खाक, तथा तार सप्तक में इनकी कविताएँ संकलित हैं। काठ का सपना, विपात्र, सतह से उठता आदमी, इनका कथा साहित्य है। कामायनी एक पुनर्विचार, नयी कविता का आत्म संघर्ष, नये साहित्य का सौन्दर्य शास्त्र, एक साहित्यिक की डायरी इनके समीक्षा एवं निबन्ध लेखन हैं। भारतीय इतिहास और संस्कृति इतिहास से सम्बन्धित रचना है।

दूर तारा

तीव्र-गति
अति दूर तारा,
वह हमारा
शून्य के विस्तार नीले में चला है।

और नीचे लोग
उस को देखते हैं, नापते हैं गति, उदय औ' अस्त का इतिहास।
किन्तु इतनी दीर्घ दूरी,
शून्य के उस कुछ-न-होने से बना जो नील का आकाश,
वह एक उत्तर
दूरबीनों की सतत आलोचनाओं को,
नयन-आवर्त के सीमित निदर्शन या कि दर्शन-यत्न को।
वे नापने वाले लिखें उसके उदय औ' अस्त की गाथा,
सदा ही ग्रहण का विवरण।
किन्तु वह तो चला जाता
व्योम का राही,
भले ही दृष्टि के बाहर रहे—उस का विपथ ही बना जाता
और जाने क्यों,
मुझे लगता कि ऐसा ही अकेला नील तारा,
तीव्र-गति,
जो शून्य में निस्संग,
जिस का पथ विराट्—
वह छिपा प्रत्येक उर में,
प्रति हृदय के कल्मषों के बाद
जैसे बादलों के बाद भी है शून्य नीलाकाश।

उस में भागता है एक तारा,
जो कि अपने ही प्रगति-पथ का सहारा,
जो कि अपना ही स्वयं बन चला चित्र,
भीतिहीन विराट्-पुत्र।
इसलिए प्रत्येक मनु के पुत्र पर विश्वास करना चाहता हूँ।

मुझे कदम-कदम पर

मुझे कदम-कदम पर
चौराहे मिलते हैं
बाँहें फैलाये!!

एक पैर रखता हूँ
कि सौ राहें फूटतीं,
व मैं उन सब पर से गुजरना चाहता हूँ;
बहुत अच्छे लगते हैं
उनके तजुर्बे और अपने सपने...
सब सच्चे लगते हैं
अजीब-सी अकुलाहट दिल में उभरती है,
मैं कुछ गहरे में उतरना चाहता हूँ,
जाने क्या मिल जाये!!

मुझे भ्रम होता है कि प्रत्येक पत्थर में
चमकता हीरा है,
हर-एक छाती में आत्मा अधीरा है,
प्रत्येक सुस्मित में विमल सदा नीरा है,
मुझे भ्रम होता है कि प्रत्येक वाणी में
महाकाव्य-पीड़ा है,
पल-भर मैं सबमें से गुजरना चाहता हूँ,
प्रत्येक उर में से तिर आना चाहता हूँ,
इस तरह खुद ही को दिये-दिये फिरता हूँ,
अजीब है जिन्दगी!!
बेवकूफ बनने के खातिर ही

सब तरफ अपने को लिये-लिये फिरता हूँ;
और यह देख-देख बड़ा मजा आता है
कि मैं ठगा जाता हूँ...
हृदय में मेरे ही,
प्रसन्न-चित्त एक मूर्ख बैठा है
हँस-हँसकर अश्रुपूर्ण, मत्त हुआ जाता है,
कि जगत्...स्वायत्त हुआ जाता है।

कहानियाँ लेकर और
मुझको कुछ देकर ये चौराहे फैलते
जहाँ ज़रा खड़े होकर
बातें कुछ करता हूँ...
...उपन्यास मिल जाते।

दुःख की कथाएँ, तरह-तरह की शिकायतें,
अहंकार-विश्लेषण, चारित्रिक आख्यान,
जमाने के जानदार सूरे व आयतें
सुनने को मिलती हैं।

कविताएँ मुसकरा लाग डाँट करती हैं,
प्यार बात करती हैं।
मरने और जीने की जलती हुई सीढ़ियाँ
श्रद्धाएँ चढ़ती हैं!!

घबराये प्रतीक और मुसकाते रूप-चित्र
लेकर मैं घर पर जब लौटता...
उपमाएँ, द्वार पर आते ही कहती हैं कि
सौ बरस और तुम्हें
जीना ही चाहिए।

घर पर भी, पग-पग पर चौराहे मिलते हैं,
बाँहें फैलाये रोज मिलती हैं सौ राहें,
शाखा-प्रशाखाएँ निकलती रहती हैं
नव-नवीन रूप-दृश्यवाले सौ-सौ विषय

रोज-रोज मिलते हैं...
और, मैं सोच रहा कि
जीवन में आज के
लेखक की कठिनाई यह नहीं कि
कमी है विषयों की
वरन् यह कि आधिक्य उनका ही
उसको सताता है,
और, वह ठीक चुनाव कर नहीं पाता है!!

धर्मवीर भारती

धर्मवीर भारती का जन्म 25 सितम्बर सन् 1926 ई. को इलाहाबाद उत्तर प्रदेश में हुआ। वहीं से इन्होंने एम. ए. हिन्दी तथा पी-एच.डी. की शिक्षा प्राप्त की। कुछ समय तक ये इलाहाबाद विश्वविद्यालय में हिन्दी विभाग के प्राध्यापक के रूप में कार्य करते रहे। सन् 1960 में 'धर्मयुग' के सम्पादक बनकर बम्बई गये। उसके पश्चात सेवानिवृत्त होकर वहीं बस गये। 4 सितम्बर सन् 1997 में इनका देहान्त हो गया।

धर्मवीर भारती कवि, कथाकार, नाट्यकार, निबन्धकार तथा पत्रकार के रूप में चर्चित रहे। भारती मूलतः रोमांटिक भाव-बोध के कवि रहे हैं। इनकी प्रारम्भिक कविताओं में किशोर भावुकता, आदिम गन्ध, आत्म मुग्धता, अवसाद के भाव मिलते हैं। इनकी कनुप्रिया काव्य कृति में रोमांस और यथार्थ का समन्वय दिखायी पड़ता है। राधाकृष्ण के प्रेम कथानक को नया आयाम देकर व्यापक मानवीय सन्दर्भ के रूप में प्रस्तुत किया गया है। धर्मवीर भारती वर्तमान युग की मर्यादाहीनता, अनास्था, संशय, घुटन और आक्रोश को अपनी रचनाओं में उद्‌घाटित करते हैं!

ठण्डा लोहा, कनुप्रिया, सातगीत वर्ष तथा दूसरा सप्तक में इनकी काव्य रचनाएँ संकलित हैं। देशान्तर इनका समकालीन विदेशी काव्य है। गुनाहों का देवता, सूरज का सातवाँ घोड़ा इनके उपन्यास हैं। चाँद और टूटे हुए लोग, बन्द गली का आखिरी मकान इनके कहानी संग्रह हैं। अन्धायुग इनकी गीति नाट्य रचना है। नदी प्यासी थी इनका नाटक है। कहनी अनकहनी, पश्यन्ती, मानव मूल्य और साहित्य, ठेले पर हिमालय, प्रगतिवाद इनके निबन्ध एवं समीक्षात्मक रचनाएँ हैं। सिद्ध-साहित्य इनका शोध-ग्रन्थ है। आस्कर वाइल्ड की कहानियाँ इनका अनुवाद कार्य है।

थके हुए कलाकार से

सृजन की थकन भूल जा देवता!
अभी तो पड़ी है धरा अधबनी,
अभी तो पलक में नहीं खिल सकी
नवल कल्पना की मधुर चाँदनी
अभी अधखिली ज्योत्स्ना की कली
नहीं ज़िन्दगी की सुरभि में सनी–
अभी तो पड़ी है धरा अधबनी,
अधूरी धरा पर नहीं है कहीं
अभी स्वर्ग की नींव का भी पता!
सृजन की थकन भूल जा देवता!

रुका तू गया रुक जगत् का सृजन
तिमिरमय नयन में डगर भूल कर
कहीं खो गयी रोशनी की किरन
बादलों में कहीं सो गया
नयी सृष्टि का सप्तरंगी सपन
रुका तू गया रुक जगत् का सृजन
अधूरे सृजन से निराशा भला
किस लिए; जब अधूरी स्वयं पूर्णता
सृजन की थकन भूल जा देवता!

प्रलय से निराशा तुझे हो गयी
सिसकती हुई साँस की जालियों में
सबल प्राण की अर्चना खो गयी
थके बाहुओं में अधूरी प्रलय

औ' अधूरी सृजन योजना खो गयी

न चन्दा को कभी व्यापी अमा की घोर कजराई!
बड़ा मासूम होता है गुनाहों का समर्पन भी!
हमेशा आदमी मजबूर हो कर लौट आता है
जहाँ, हर मुक्ति के, हर त्याग के, हर साधना के बाद!
मेरी जिन्दगी बरबाद,

इन फ़ीरोज़ी होठों पर मेरी जिन्दगी बरबाद!

कविता की मौत

लादकर ये आज किसका शव चले?
और इस छतनार बरगद के तले,
किस अभागिन का जनाजा है रुका,
बैठ इसके पाँयते, गरदन झुका,
कौन कहता है कि
कविता मर गयी
नहीं तुमने सुना?
हाँ, वही कविता
कि जिसकी आग से
सूरज बना
धरती जमी
बरसात लहराई
और जिसकी गोद में बेहोश पुरवाई
पंखुरियों पर थमी!
वही कविता
विष्णु पद से जो निकल
और ब्रह्मा के कमण्डल से उबल
बादलों की तहों को झकझोरती
चाँदनी के रजत फूल बटोरती
शम्भु के कैलाश पर्वत को हिला
उतर आयी आदमी की ज़मीं पर,
चल पड़ी फिर मुसकराती
शस्य-श्यामल, फूल, फल, फसलें खिलाती,
स्वर्ग से पाताल तक
जो एक़ धारा बन बही,

पर न आखिर एक दिन वह भी रही
मर गयी कविता वहीं
एक तुलसी-पत्र औ'
दो बूँद गंगाजल बिना,
मर गयी कविता, नहीं तुमने सुना?
भूख ने उसकी जवानी तोड़ दी
उस अभागिन की अछूती माँग का सिन्दूर
मर गया बन कर तपेदिक का मरीज
औ' सितारों से कहीं मासूम सन्तानें,
माँगने को भीख हैं मजबूर!
या पटरियों के किनारे से उठा,
बेचते हैं,
अधजले कोयले।
(याद आती है मुझे
भागवत की वह बड़ी मशहूर बात
जब कि ब्रज की एक गोपी
बेचने को दही निकली,
औ' कन्हैया की रसीली याद में
बिसर कर सुध-बुध
बन गयी थीं खुद दही।
और ये मासूम बच्चे भी
बेचने को कोयले निकले
बन गये खुद कोयले
श्याम की माया)
और ये अब कोयले भी हैं अनाथ,
क्योंकि उनका भी सहारा चल बसा!
भूख ने उनकी जवानी तोड़ दी।
यूँ बड़ी ही नेक थी कविता,
मगर धनहीन थी, कमजोर थी
और बेचारी गरीबिन मर गयी!
मर गयी कविता!
जवानी मर गयी!
मर गया सूरज, सितारे मर गये!
मर गये सौन्दर्य सारे मर गये!

सृष्टि के आरम्भ से चलती हुई
प्यार की हर साँस पर पलती हुई
आदमीयत की कहानी मर गयी।
झूठ है यह!
आदमी इतना नहीं कमजोर है?
पलक के जल और माथे के पसीने से
सींचता आया सदा जो स्वर्ग की भी नींव
ये परिस्थितियाँ बना देंगी उसे निर्जीव!
झूठ हैं यह!
फिर उठेगा वह
और सूरज को मिलेगी रोशनी
सितारों को जगमगाहट मिलेगी!
कफन में लिपटे हुए सौन्दर्य को
फिर किरन की नरम आहट मिलेगी!
फिर उठेगा वह,
और बिखरे हुए सारे स्वर समेट
पोंछ उनसे खून,
फिर बुनेगा नयी कविता का वितान
नये मनु के नये युग का जगमगाता गान!

भूख खूँरेज़ी, गरीबी हो मगर
आदमी के सृजन की ताक़त
इन सबों की शक्ति के ऊपर
और कविता सृजन की आवाज़ है!
फिर उभरकर कहेगी कविता–
"क्या हुआ दुनिया अगर मरघट बनी,
अभी मेरी आखिरी आवाज़ बाकी है,
हो चुकी हैवानियत की इन्तेहा,
आदमीयत का मगर आग़ाज़ बाकी है
लो तुम्हें मैं फिर नया विश्वास देती हूँ,
नया इतिहास देती हूँ!
कौन कहता है कि कविता मर गयी!"

सर्वेश्वर दयाल सक्सेना

सर्वेश्वर दयाल सक्सेना का जन्म बस्ती उत्तर प्रदेश में 15 सितम्बर 1927 ई. को हुआ। इन्होंने इलाहाबाद विश्वविद्यालय से 1949 में एम.ए. की परीक्षा उत्तीर्ण की। एम.ए. करने के पश्चात रोजी-रोटी की तलाश में ये घूमते रहे। सबसे पहले इन्होंने लिपिक के रूप में कार्य किया। कुछ समय तक ये अध्यापक भी रहे। लखनऊ, दिल्ली, भोपाल एवं इलाहाबाद के आकाशवाणी केन्द्रों में भी काम किया। साप्ताहिक पत्रिका दिनमान में कार्य करने के पश्चात दिल्ली को अपना स्थायी निवास बना लिया। अन्तिम समय में ये बच्चों की पत्रिका 'पराग' के सम्पादक भी रहे। रूस सरकार के आमन्त्रण पर 'पुश्किन' समारोह में भाग लेने के लिए सन् 1972 में रूस की यात्रा की। भारतीय भाषाओं के अतिरिक्त विदेशी भाषाओं में इन्होंने रचनाएँ लिखी हैं। रूसी, जर्मनी, बुलगारी, जापानी, पोलिश आदि विश्व की अनेक भाषाओं का इन्हें अच्छा ज्ञान था। 24 सितम्बर, सन् 1984 को ये इस नश्वर संसार से सदा-सदा के लिए विदा हो गये।

सर्वेश्वर दयाल सक्सेना ने नयी कविता की धारा को प्रवाहित करने में महत्त्वपूर्ण योगदान दिया है। संघर्षों एवं अन्तर्द्वन्द्वों से जूझते हुए कवि ने नयी कविता में अपना विशेष व्यक्तित्व निरन्तर बनाये रखा। सर्वेश्वर के काव्य का व्यंग्य शान्त तथा मानवीय चेतना को झकझोरता है। मूल्यहीनता, छलछद्म, राजनीति का अवसरवाद, सामाजिक खोखलापन मुख्य रूप से इनके व्यंग्यात्मक आक्रोश का विषय बने हैं। इनका काव्य लोक जीवन के राग-रंग में डूबा है। इनकी भाषा आम बोलचाल की भाषा है।

काठ की घण्टियाँ, बाँस का पुल, एक सूनी नाव, गर्म हवाएँ, जंगल का दर्द, कुआनो नदी, खूँटियों पर टँगे लोग, कोई मेरे साथ चले, क्या कहकर पुकारूँ इनके काव्य संग्रह हैं। पागल कुत्तों का मसीहा, सूने चौखटे, सोया हुआ जल, इनके लघु उपन्यास हैं। बकरी, लड़ाई, अब गरीबी हटाओ इनके नाटक हैं। लाख की नाक, भों-भों, खों-खों, कल भात आयेगा इनके बाल नाटक हैं। अँधेरे पर अँधेरा, कच्ची सड़क इनके कहानी संग्रह हैं। चरचे और चरखे पत्रकारिता से सम्बद्ध कृति है। अँधेरों के खिलाफ तथा रोशनी की तलाश में इनके निबन्ध संकलित हैं। कुछ रंग कुछ गन्ध इनकी संस्मरणात्मक कृति है।

सुबह से शाम तक

सुबह हुई–
धरती के सुनहरे चिकने फ़र्श पर,
हरी मटर का गोल बड़ा दाना लुढ़कने लगा;
और उस के पीछे-पीछे, भूरे पंख फड़फड़ाता,
गौरैय्ये का एक बच्चा,
अपनी नन्ही-सी सुर्ख चोंच खोल कर,
उसे बार-बार पकड़ने का असफल प्रयास करता फुदकने लगा।

साँझ हुई–
दूर–आकाश के पीले रेगिस्तानी टीलों पर,
भूखे शिथिल ऊँट,
सुर्ख क्षितिज की ओर ऊपर सिर उठाये,
पीठ पर चारा लादे,
किसी ओझल पड़ाव की ओर थके माँदे,
काले प्रश्न-चिह्नों से रेंगने लगे।
सुबह से शाम तक में–
निज का प्रयत्न परवशता में बदल गया,
पेट इतना बढ़ गया
कि उस की ही चिन्ता में–
सामने का चारा पीठ पर लादना पड़ा,
आप इसे प्रगति कहें
मेरे लिए
स्वावलम्बी गौरैय्ये का बच्चा ऊँट हो गया।

काठ की घण्टियाँ

बजो!
ओ काठ की घण्टियो,
बजो!
मेरा रोम-रोम देहरी है
सूने मन्दिर की,
सजो
ओ काठ की घण्टियो,
सजो!

शायद कल
टूटी बैसाखी पर चल कर
फिर मेरा खोया प्यार
वापस लौट आये,
शायद कल
प्रकाश-स्तम्भों से टकरा कर
फिर मेरी अन्धी आस्था
कोई गीत गाये,
शायद कल
किसी के कन्धों पर चढ़ कर
फिर मेरा बौना अहं
विवश हाथ फैलाये।

जितनी भी ध्वनि शेष है
इन सूखी रगों में
तजो

ओ काठ की घण्टियो,
तजो!

शायद कल
मेरी आत्मा का निष्प्राण देवता
अपने चक्षु खोल दे,
शायद कल
हर गली अपना घुटता धुआँ
मेरी ओर रोल दे;
शायद कल
मेरी गूँगे स्वरों के सहारे
कोटि-कोटि कण्ठों की खोयी शक्ति बोल दे।
दर्द जितना भी
ऐंठ रहा हो, समेट कर
मँजो,
ओ काठ की घण्टियो,
मँजो।

बजो
ओ काठ की घण्टियो,
बजो।
मेरा रोम-रोम देहरी है
सूने मन्दिर की,
सजो,
ओ काठ की घण्टियो,
सजो!

बजो,
ओ काठ की घण्टियो,
बजो!

नागार्जुन

नागार्जुन का जन्म इनके ननिहाल के गाँव सतलखा डाकघर मधुबनी जिला दरभंगा बिहार में मैथिल ब्राह्मण परिवार में सन् 1911 ई. को हुआ। इनका घरेलू नाम ढक्कन मिसिर था। इनका असली नाम वैद्यनाथ मिश्र है। हिन्दी लेखकीय नाम नागार्जुन है। इनके फक्कड़ी स्वभाव के कारण इन्हें बाबा के नाम से भी जाना जाता है। इनके पिताजी का नाम गोकुल मिश्र तथा माँ का नाम उमा देवी था। इन्होंने काशी संस्कृत विद्यालय से व्याकरण मध्यमा उत्तीर्ण की। सिंहल जाकर ये बौद्ध धर्म में दीक्षित हुए। पालि के पण्डित बने तथा वहीं पर कामचलाऊ अंग्रेजी भी सीखी। मैथिली, संस्कृत, पालि, अर्ध-मागधी, अपभ्रंश, सिंहली, तिब्बती, मराठी, गुजराती, बंगाली, पंजाबी तथा सिन्धी भाषाओं का इन्होंने अध्ययन किया और कई भाषाओं में रचनाएँ लिखीं।

नागार्जुन प्रतिबद्ध जनवादी कवि होने के साथ-साथ गद्य लेखक भी रहे हैं। युवावस्था में ही सन् 1934 ई. में घर छोड़ दिया। ये घुमक्कड़ वृत्ति से ही गुजारा करते रहे। इन्होंने अपना लेखन मैथिली से प्रारम्भ किया। सन् 1930 में इनकी पहली मैथिली रचना 'मिथिला' मासिक में प्रकाशित हुई। सन् 1935 में विश्वबन्धु साप्ताहिक में इनकी हिन्दी की पहली कविता राम के प्रति छपी। इस समय तक मैथिली में अनेक कविताएँ तथा उपन्यास प्रकाशित हो चुके थे। इन्होंने संस्कृत भाषा में भी अनेक कविताएँ लिखीं। इसके साथ ही बाल-साहित्य की भी इन्होंने रचना की। अनुवाद कार्य में भी इनका महत्त्वपूर्ण योगदान रहा है। इनकी रचनाओं में क्लासिकी मार्क्सवाद, बौद्ध दर्शन की करुणा, मैत्री शान्तिप्रियता तथा देश भक्ति की भावना भी रही है। प्रकृति के रंजक और मोहक बिम्ब उपस्थित करने वाली अनेक कविताएँ इन्होंने लिखी हैं। ये कम शब्दों में सार्वजनीन सत्य कहे जाते हैं। इनके मैथिली काव्य संकलन 'पत्रहीन नग्न गाछ' पर साहित्य अकादमी की ओर से सन् 1969 ई. में पुरस्कार मिला। उत्तर प्रदेश हिन्दी संस्थान द्वारा इन्हें सन् 1983 में विशिष्ट साहित्यकार के रूप में सम्मानित एवं पुरस्कृत किया गया। सन् 1971 ई. में इन्होंने मैथिली साहित्यकार के रूप में रूस की यात्रा की। 5 नवम्बर 1998 ई. को नागार्जुन का देहान्त हो गया।

युगधारा, शपथ, प्रेत का बयान, खून और शोले, चना जोर गरम, सतरंगे पंखों वाली, प्यासी पथराई आँखें, तालाब की मछलियाँ, पुरानी जूतियों का कोरस, तुमने कहा था, हजार-हजार बाँहों वाली, खिचड़ी विप्लव देखा हमने, भस्मांकुर इनकी काव्य रचनाएँ हैं। चित्रा, पत्रहीन नग्न गाछ इनके मैथिली काव्य संकलन हैं। धर्मालोक शतकम् सिंहली लिपि में प्रकाशित संस्कृत लघु काव्य है। देश दशकम्, कृषक दशकम्, श्रमिक दशकम् इनकी संस्कृत में लिखी कविताएँ हैं। मेघदूत, गीत-गोविन्द, विद्यापति के गीत के साथ बांग्ला, गुजराती तथा संस्कृत की अनेक कृतियों का हिन्दी रूपान्तर किया है। पारो, बलचनमा, इमरतियाँ, उग्रतारा, कुम्भीपाक, जमनिया का बाबा, दुःखमोचन, नयी पौध, बाबा बटेसरनाथ, रतिनाथ की चाची, वरुण के बेटे, हीरक-जयन्ती इनके उपन्यास हैं। नवतुरिया मैथिली भाषा में लिखा उपन्यास है। एक व्यक्ति एक युग, निराला के विषय में लिखा गया लघु प्रबन्ध है। अन्नहीनम् क्रियाहीनम् इनका गद्य संग्रह है। आसमान में चन्दा तैरे इनका कहानी संग्रह है।

यह दन्तुरित मुस्कान

तुम्हारी यह दन्तुरित मुस्कान
मृतक में भी डाल देगी जान
धूलि-धूसर तुम्हारे ये गात...
छोड़कर तालाब मेरी झोंपड़ी में खिल रहे जलजात
परस पाकर तुम्हारा ही प्राण,
पिघल कर जल बन गया होगा कठिन पाषाण
छू गया तुमसे कि झरने लग पड़े शेफालिका के फूल
बाँस था कि बबूल?
तुम मुझे पाये नहीं पहचान?
देखते ही रहोगे अनिमेष!
थक गये हो?
आँख लूँ मैं फेर?
क्या हुआ यदि हो सके परिचित न पहली बार?
यदि तुम्हारी माँ न माध्यम बनी होती आज
मैं न सकता देख
मैं न पाता जान
तुम्हारी यह दन्तुरित मुस्कान

धन्य तुम, माँ भी तुम्हारी धन्य!
चिर प्रवासी मैं इतर, मैं अन्य!
इस अतिथि से प्रिय तुम्हारा क्या रहा सम्पर्क
उँगलियाँ माँ की कराती रही हैं मधुपर्क
देखते तुम इधर कनखी मार
और होतीं जबकि आँखें चार
तब तुम्हारी दन्तुरित मुस्कान
मुझे लगती बड़ी ही छविमान।

प्रेत का बयान

"ओ रे प्रेत–"
कड़क कर बोले नरक के मालिक यमराज
–"सच-सच बतला!
कैसे मरा तू?
भूख से, अकाल से?
बुखार कालाजार से?
पेचिश बदहजमी, प्लेग महामारी से?
कैसे मरा तू, सच-सच बतला!"

खड़ खड़ खड़ खड़ हड़ हड़ हड़ हड़
काँपा कुछ हाड़ों का मानवीय ढाँचा
नचाकर लम्बी चमचों-सा पंचगुरा हाथ
रूखी-पतली किट-किट आवाज में
प्रेत ने जवाब दिया–

"महाराज!
सच-सच कहूँगा
झूठ नहीं बोलूँगा
नागरिक हैं हम स्वाधीन भारत के...
पूर्णिया ज़िला है, सूबा बिहार के सिवान पर
थाना धमदाहा, बस्ती रुपउली
जाति का कायथ
उमर है लगभग पचपन साल की
पेशा से प्राइमरी स्कूल का मास्टर था
तनखा थी तीस, सो भी नहीं मिली
मुश्किल से काटे हैं

एक नहीं, दो नहीं, नौ-नौ महीने!
घरनी थी, माँ थी, बच्चे थे चार
आ चुके हैं वे भी दयासागर करुणा के अवतार
आपकी छाया में!
मैं ही था बाकी
क्योंकि करमी की पत्तियाँ अभी कुछ शेष थीं
हमारे अपने पुश्तैनी पोखर में..."
"अरे वाह—"
भभाकर हँस पड़ा नरक का राजा
दमक उठीं झालरें कम्पमान सिर के मुकुट की
फर्श पर ठोककर सुनहला लौहदण्ड
अविश्वास की हँसी हँसा दंडपाणि महाकाल
"—बड़े अच्छे मास्टर हो :
आये हो मुझको भी पढ़ाने!!
मैं भी तो बच्चा हूँ...
वाह भाई वाह!!
तो तुम भूख से नहीं मरे?"
हद से ज़्यादा डालकर ज़ोर
होकर कठोर
प्रेत फिर बोला—
"अचरज की बात है
यकीन नहीं आता है मेरी बात पर आपको?
कीजिए न कीजिए आप चाहे विश्वास
साक्षी है धरती, साक्षी है आकाश
और-और और भले व्याधियाँ हों भारत में...किन्तु..."
उठाकर दोनों बाँह
किट-किट करने लगा ज़ोरों से प्रेत
—"किन्तु भूख या क्षुधा नाम हो जिसका
ऐसी किसी व्याधि का पता नहीं हमको
सावधान महाराज,
नाम नहीं लीजिएगा
हमारे सामने फिर कभी भूख का"
निकल गया भाफ आवेग का, तदनन्तर
शान्त स्तिमित स्वर में प्रेत फिर बोला—
जहाँ तक मेरी अपनी बात है

तनिक भी पीर नहीं
दुख नहीं, दुविधा नहीं।
सरलतापूर्वक निकले थे प्राण
सह नहीं सकी आँत जब पेचिश का हमला...
सुनकर दहाड़
स्वाधीन भारतीय प्राइमरी स्कूल के
भुखमरे स्वाभिमानी सुशिक्षित प्रेत की,
रह गये निरुत्तर
महामहिम नरकेश्वर!!

भाग (घ)

समकालीन काव्य

रघुवीर सहाय

रघुवीर सहाय का जन्म 9 दिसम्बर सन् 1929 को लखनऊ में हुआ। इनके पिता श्री हरदेव सहाय साहित्य के अध्यापक रहे। प्रारम्भिक से ले कर एम.ए. तक की शिक्षा लखनऊ में हुई। सन् 1955 में रघुवीर सहाय का विवाह महादेव प्रसाद श्रीवास्तव की पुत्री बिमलेश्वरी के साथ हुआ। साहित्यिक रुचि के कारण रघुवीर सहाय अज्ञेय के सम्पर्क में आये और प्रतीक पत्रिका में उनके सहयोगी बने। 1953 से वे आकाशवाणी के समाचार विभाग में उपसम्पादक रहे। सन् 1957 में कल्पना पत्रिका के सम्पादक मण्डल में शामिल हुए। सन् 1959 में अज्ञेय की अंग्रेजी पत्रिका 'वाक्' के सहायक सम्पादक बने। सन् 1960 में दूरदर्शन पर प्रस्तुत नियमित व्याख्यात्मक वार्ताओं के लिए चुने गये। सन् 1963 में दैनिक नवभारत टाइम्स में विशेष संवाददाता बने। 1968 में 'दिनमान' में सम्पादक का कार्यभार सँभाला और अपनी मृत्यु 30 दिसम्बर 1990 तक दिनमान से जुड़े रहे।

रघुवीर सहाय ने अपने जीवन में अनेक देशों की यात्राएँ कीं। सोवियत संघ, जर्मनी, इंग्लैण्ड, जापान, थाईलैण्ड आदि देशों की यात्राओं ने इन्हें अनुभव सम्पन्न बनाया। सन् 1965 में रघुवीर सहाय ने पाकिस्तान के सीमान्त गाँव की यात्रा की। लोग भूल गये हैं काव्य संग्रह पर रघुवीर सहाय को 'साहित्य अकादमी' पुरस्कार से सम्मानित किया गया।

रघुवीर सहाय का व्यक्ति और उसके सामाजिक परिवेश को जानने-पहचानने का दृष्टिकोण वैज्ञानिक रहा है। विसंगति, विडम्बना, तनाव एवं व्यंग्य को इन्होंने अपने साहित्य में अभिव्यक्त किया है। सन् 1947 में आजकल पत्रिका में उनकी पहली कविता 'आदिम संगीत' प्रकाशित हुई। सन् 1948 में अज्ञेय द्वारा सम्पादित 'प्रतीक' में उनकी लम्बी कविता सायंकाल प्रकाशित हुई। इसके पश्चात् अज्ञेय द्वारा सम्पादित दूसरा सप्तक में इनकी कविताओं को शामिल किया गया। सीढ़ियों पर धूप में, आत्महत्या के विरुद्ध, हँसो-हँसो जल्दी हँसो, लोग भूल गये हैं, कुछ पते कुछ चिट्ठियाँ इनके काव्य संग्रह हैं। यथार्थ स्थिति नहीं, दिल्ली मेरा प्रदेश, लिखने

का कारण इनके निबन्ध संकलन हैं। रास्ता इधर से है, जो आदमी हम बना रहे हैं, इनके कहानी संग्रह हैं। आधुनिक हंगरी कविताएँ, राख और हीरे, दीना नदी का पुल, बारह हंगरी कहानियाँ, रोमियाँ रोलां का विवेकानन्द, बरनभवन, बिरजीस कदर का कुनबा, तीन आधुनिक हंगरी नाटक, ऑथलो; बगरों बसन्त, जेको इनकी अनुवाद रचनाएँ हैं।

रामदास

चौड़ी सड़क गली पतली थी
दिन का समय घनी बदली थी
रामदास उस दिन उदास था
अन्त समय आ गया पास था
उसे बता यह दिया गया था उसकी हत्या होगी

धीरे धीरे चला अकेले
सोचा साथ किसी को ले ले
फिर रह गया, सड़क पर सब थे
सभी मौन थे सभी निहत्थे
सभी जानते थे यह उस दिन उसकी हत्या होगी

खड़ा हुआ वह बीच सड़क पर
दोनों हाथ पेट पर रखकर
सधे कदम रख करके आये
लोग सिमट कर आँख गड़ाये
लगे देखने उसको जिसकी तय था हत्या होगी

निकल गली से तब हत्यारा
आया उसने नाम पुकारा
हाथ तौलकर चाक़ू मारा
छूटा लोहू का फ़व्वारा
कहा नहीं था उसने आख़िर उसकी हत्या होगी

भीड़ ठेलकर लौट गया वह
मरा पड़ा है रामदास यह
देखो देखो बार बार कह
लोग निडर उस जगह खड़े रह
लगे बुलाने उन्हें जिन्हें संशय था हत्या होगी

काला नंगा बच्चा पैदल

काला नंगा बच्चा पैदल बीच सड़क पर जाता था
और सामने से कोई मोटर दौड़ाये लाता था
तभी झपटकर मैंने बच्चे को रस्ते से खींच लिया
मेरे मन ने कहा कि यह तो तुमने बिलकुल ठीक किया
वहीं देखकर एक भिखारी मैंने उससे यों पूछा
क्या यह साथ तुम्हारे है? वह पल भर ठिठका बोला हाँ
फिर कुछ आशा से बतलाने लगा कि साहब इसकी माँ
गुज़र गयी है इसके दो भाई भी मैंने दिये गवाँ
मैं अपने से पूछ रहा हूँ मैं यह सुनकर क्यों भागा
क्यों एकदम सो गया वह कि जो था मुझमें एकदम जागा

केदारनाथ सिंह

इनका जन्म नवम्बर 1934 को चकिया (बलिया) उत्तर प्रदेश में हुआ। इनका सम्बन्ध सामान्य किसान परिवार से रहा। इनका बचपन सहज सुख और सुविधाओं में व्यतीत हुआ। इनके पिता सक्रिय राजनीतिक कार्यकर्ता थे। अखबार नियमित पढ़ते थे, संगीत में काफी रुचि रखते थे। केदारनाथ सिंह की आरम्भिक शिक्षा गाँव में ही हुई। हाई स्कूल से एम.ए. तक की शिक्षा वाराणसी में हुई। उदय प्रताप कॉलिज तथा हिन्दू विश्वविद्यालय बनारस से एम.ए. करने के पश्चात आधुनिक हिन्दी कविता में बिम्ब विधान विषय पर सन् 1964 में पी-एच.डी. की उपाधि प्राप्त की।

यदि इनके आरम्भिक प्रयास को छोड़ दिया जाये तो विधिवत एंवं व्यवस्थित रूप से 1952-53 के आस-पास लिखना शुरू किया। सन् 1954 में पाल एलुआर की प्रसिद्ध कविता 'स्वतन्त्रता' का अनुवाद किया। इस प्रकार नयी सौन्दर्य दृष्टि और समकालीन काव्य चेतना से इनका प्रथम परिचय हुआ। कुछ समय तक बनारस से निकलने वाली अनियत कालिक पत्रिका 'हमारी पीढ़ी' से भी ये सम्बद्ध रहे। इनका पहला कविता संग्रह 'अभी बिल्कुल अभी' सन् 1960 में प्रकाशित हुआ। केदारनाथ सिंह तीसरा सप्तक के सहयोगी कवियों में से एक हैं।

केदारनाथ सिंह व्यवसाय से अध्यापक रहे हैं। इनके कार्यक्षेत्र का प्रसार ठेठ ग्रामांचल से महानगर तक का है। ये उदय प्रताप कॉलिज, वाराणसी, सेंट एण्ड्रूज कॉलिज गोरखपुर, उदित नारायण कॉलिज पड़रौना तथा गोरखपुर विश्वविद्यालय से सम्बद्ध रहे। सन् 1976 से जवाहर लाल नेहरू विश्वविद्यालय नयी दिल्ली में कार्य किया। साखी नामक अनियतकालिक पत्रिका का सम्पादन कार्य भी किया।

काव्य पाठ के लिए इन्होंने अमेरिका, रूस, कज़ाकिस्तान आदि देशों की यात्राएँ भी कीं। इन्हें अनेक पुरस्कारों से सम्मानित किया गया है। साहित्य अकादमी पुरस्कार इनको प्राप्त हुआ है। इसके साथ ही इन्हें मैथिलीशरण गुप्त सम्मान (मध्यप्रदेश), कुमारन आशान पुरस्कार (केरल), दिनकर पुरस्कार (बिहार) तथा जीवन भारती सम्मान (उड़ीसा) भी प्राप्त हुए हैं। इनकी कविताओं के अनुवाद अंग्रेजी, स्पैनिश, रूसी, जर्मन, हंगेरियन के साथ ही सभी प्रमुख भारतीय भाषाओं में हुए हैं।

अभी बिल्कुल अभी, जमीन पक रही है, यहाँ से देखो, अकाल में सारस, प्रतिनिधि कविताएँ, उत्तर कबीर और अन्य कविताएँ, बाघ (लम्बी कविताएँ) इनके विविध प्रमुख काव्य संग्रह हैं। कल्पना और छायावाद गद्य साहित्य से सम्बन्धित रचनाएँ हैं। मेरे समय के शब्द प्रमुख गद्य रचना है। आधुनिक हिन्दी कविता में बिम्ब विधान इनका शोध ग्रन्थ है।

धानों का गीत

धान उगेंगे कि प्रान उगेंगे
उगेंगे हमारे खेत में,
आना जी बादल ज़रूर।
चन्दा को बाँधेंगे कच्ची कलगियों
सूरज को सूखी रेत में
आना जी बादल ज़रूर!

आगे पुकारेगी सूनी डगरिया
पीछे झुके बन-बेंत,
संझा पुकारेंगी गीली अखड़ियाँ
भोर हुए धन खेत;
आना जी बादल ज़रूर,
धान कँपेंगे कि प्रान कँपेंगे
कँपेंगे हमारे खेत में,
आना जी बादल ज़रूर!

धूप ढरे तुलसी-बन झरेंगे,
साँझ घिरे पर कनेर,
पूजा की वेला में ज्वार झरेंगे
धान–दिये की बेर,
आना जी बादल ज़रूर,
धान पकेंगे कि प्रान पकेंगे
पकेंगे हमारे खेत में,
आना जी बादल ज़रूर!

झीलों के पानी खजूर हिलेंगे,
खेतों के पानी वबूल,
पछुवा के हाथों में शाखें हिलेंगी,
पुरवा के हाथों में फूल,
आना जी बादल ज़रूर,
धान तुलेंगे कि प्रान तुलेंगे,
तुलेंगे हमारे खेत में,
आना जी बादल ज़रूर!

दीप-दान

जाना, फिर जाना,
उस तट पर भी जा कर दिया जला आना,
पर पहले अपना यह आँगन कुछ कहता है,
उस उड़ते आँचल से गुड़हल की डाल
बार-बार उलझ जाती है,
एक दिया वहाँ भी जलाना;
जाना, फिर जाना,
एक दिया वहाँ जहाँ नयी-नयी दूबों ने कल्ले फोड़े हैं,
एक दिया वहाँ जहाँ उस नन्हे गेंदे ने
अभी-अभी पहली ही पँखड़ी बस खोली है,
एक दिया उस लौकी के नीचे
जिस की हर लतर तुम्हें छूने को आकुल है,
एक दिया वहाँ जहाँ गगरी रखी है,
एक दिया वहाँ जहाँ बर्तन मँजने से
गड्ढा-सा दिखता है,
एक दिया वहाँ जहाँ अभी-अभी धुले
नये चावल का गन्ध-भरा पानी फैला है,
एक दिया उस घर में—
जहाँ नयी फ़सलों की गन्ध छटपटाती है,
एक दिया उस जँगले पर जिस से
दूर नदी की नाव अकसर दिख जाती है,
एक दिया वहाँ जहाँ धवरा बँधता है,
एक दिया वहाँ जहाँ पियरी दुहती है,
एक दिया वहाँ जहाँ अपना प्यारा झबरा
दिन-दिन भर सोता है,

एक दिया उस पगडण्डी पर
जो अनजाने कुहरों के पार डूब जाती है,
एक दिया उस चौराहे पर
जो मन की सारी राहें
विवश छीन लेता है,
एक दिया इस चौखट,
एक दिया उस ताखे,
एक दिया उस बरगद के तले जलाना;
जाना, फिर जाना,
उस तट पर भी जा कर दिया जला आना;
पर पहले अपना यह आँगन कुछ कहता है,
जाना, फिर जाना!

लीलाधर जगूड़ी

लीलाधर जगूड़ी का जन्म 7 जुलाई सन् 1944 को उत्तरप्रदेश (वर्तमान में उत्तराखण्ड) के टिहरी जिले के 'धंगण' गाँव में हुआ। इनकी माता का नाम श्रीमती शाकम्बरी देवी तथा पिता का कमला प्रसाद जगूड़ी है। इनका बचपन अत्यन्त संघर्ष में व्यतीत हुआ। 13 सितम्बर सन् 1970 को बाढ़ और भूस्खलन से परिवार के छह लोगों की मौत हो गयी। इस घटना से घर, ज़मीन और खेती सब एक साथ नष्ट हो गयी।

लीलाधर जगूड़ी की प्रारम्भिक शिक्षा तो गाँव के स्कूल में ही हुई। लेकिन घर की आर्थिक स्थिति अच्छी न होने के कारण इनके रास्ते में अनेक बाधाएँ आयीं। प्राथमिक शिक्षा के बाद ही ये घर से भागकर राजस्थान पहुँच गये। इन्होंने वहाँ संस्कृत की शिक्षा प्राप्त की। लखनऊ विश्वविद्यालय से इन्होंने हिन्दी साहित्य में स्नातकोत्तर की उपाधि प्राप्त की। एम.ए. करने के पश्चात् 1966 से 1980 तक सरकारी स्कूलों में अध्यापन कार्य किया। इसी दौरान उत्तराखण्ड के शिक्षक आन्दोलन में सक्रिय भागीदारी ली और शिक्षक संघ के अध्यक्ष भी बने।

सन् 1961 में मात्र 17 वर्ष की आयु में भारतीय थल सेना की गढ़वाली बटालियन में एक सिपाही के रूप में भर्ती हुए। इन्होंने सन् 1962 में चीन के साथ भारत युद्ध में भाग लिया। सन् 1980 में पर्वतीय क्षेत्रों के प्रौढ़ों के लिए हमारे आखर तथा कहानी के आखर पाठ्य पुस्तकें साक्षरता निकेतन लखनऊ से प्रकाशित कीं। राजस्थान के कवियों का संकलन 'लगभग जीवन का' सम्पादन किया। सन् 1981 में उत्तर प्रदेश सूचना एवं जन सम्पर्क विभाग से सम्बद्ध मासिक पत्रिका 'उत्तर प्रदेश' के मुख्य सम्पादक भी रहे। सन् 1984 में अखिल भारतीय 'भारतीय भाषाओं की नाट्य लेखन प्रतियोगिता' में 'पाँच बेटे' नामक नाटक पर प्रथम पुरस्कार प्राप्त हुआ। सन् 1997 में इन्हें साहित्य अकादमी पुरस्कार प्राप्त हुआ।

शंखमुखी शिखरों पर, नाटक जारी है, इस यात्रा में, रात अभी मौजूद है, बची हुई पृथ्वी, घबराए हुए शब्द, भय भी शक्ति देता है, अनुभव के आकाश में चाँद, महाकाव्य के बिना तथा ईश्वर की अध्यक्षता में इनके काव्य संग्रह हैं।

अपनी कविता के माध्यम से जगूड़ी जिस काव्यात्मक अनुभव से गुजारते हैं, वह किसी सीमित दुनिया का अनुभव नहीं है। कवि के विस्तृत अनुभव सत्यों और उसके विचार वैविध्य से गुजरते हुए हम उस दुनिया को पहचानते हैं, जो हार-जीत भरे हमारे ही संघर्षों का परिणाम है। कविता की भाषा और उसके इस्तेमाल को ले कर जगूड़ी विशेष सतर्क रहते हैं। भाषा में आद्योपान्त उनकी सांस्कृतिक चेतना सक्रिय दिखाई देती है। इससे उनकी कविता सहज ही पाठक को सम्मोहित करती है।

आषाढ़

यह आषाढ़
जो तुमने माँ के साथ रोपा था
हमारे खेतों में
घुटनों तक उठ गया है

अगले इतवार तक फूल फूलेंगे
कार्तिक पकेगा

हमारा हँसिया झुकने से पहले
हर पौधा
तुम्हारी तरह झुका हुआ होगा

उसी तरह
जिस तरह झुककर
तुमने आषाढ़ रोपा था।

परिवार की खाड़ी में

बिस्तरे के मुहाने पर
जंगली नदी का शोर हो रहा है
और थपेड़े
मकान की नींव से
मेरे तकिये तक आ रहे हैं

काँपते हुए पेड़ों को—भाँपते हुए
पत्नी ने कहा—आँधी
और फिर बक्से के पास लौट आयी

मेरे उठते ही
खिड़की के रास्ते
कमरे से हाथ मिला रहा है
गाँव का आकाश

परिवार की खाड़ी में लंगर डालकर
मेरा जहाज खड़ा है
—मैं इस बार भी कहीं नहीं पहुँचूँगा

एक नरक की मजबूती के लिए
उठे हुए बखेड़े पर कीलें ठोकता हुआ
सोच रहा हूँ
जरूर कोई दूसरा किनारा है

कैसे कहा जा सकता है
कि अब नहीं चटकेगी
बहती उम्मीद पर ठोकी हुई
मेरी साधारण आत्मा।

सुदामा पाण्डेय धूमिल

इनका जन्म स्थान खेवली, जो बनारस से 12 किलोमीटर पूर्व-पश्चिम पंचकोसी के तीसरे मुकाम रामेश्वर महादेव से 3 किलोमीटर वरुणा नदी के किनारे पर स्थित है। इनकी जन्म तिथि 9 नवम्बर सन् 1936 ई. है। इनके पिता का नाम शिवनायक पाण्डेय और माता का नाम श्रीमती रज़वंती देवी था। सुदामा पाण्डेय धूमिल शिवनायक पाण्डेय के ज्येष्ठ पुत्र थे। अतः पिता की मृत्यु के पश्चात धूमिल ने संयुक्त परिवार को बनाये रखने के लिए अनेक स्वार्थों का बलिदान भी किया। वाराणसी निवासी पं. नान्हक दीक्षित की पुत्री मूरत देवी के साथ इनका विवाह हुआ। अपने बचपन में ये सींकिया पहलवान के नाम से प्रसिद्ध थे। बचपन से ही अखाड़े की तेलमाटी खा कर एक बलशाली युवक के रूप में बड़े हुए।

आर्थिक ढाँचा सही न होने के कारण इनका उच्च शिक्षा प्राप्ति का सपना अधूरा ही रह गया। 15 वर्ष की अवस्था में हरदुआं के कूर्मि क्षत्रिय इण्टरमीडियेट कॉलेज से हाईस्कूल की परीक्षा पास की। इन्होंने केवल स्वाध्याय से ही हिन्दी और अंग्रेजी का ज्ञान प्राप्त किया। सन् 1957 में इन्होंने वाराणसी के औद्योगिक प्रशिक्षण संस्थान में नामांकन करवाया तथा सन् 1958 में विद्युत डिप्लोमा प्रथम श्रेणी में प्रथम स्थान प्राप्त किया। यहीं पर सन् 1958 में विद्युत अनुदेशक के पद पर इनकी नियुक्ति हो गयी। इसके पश्चात जीवन पर्यन्त इसी संस्था के विभिन्न स्थानों, बलिया, सहारनपुर, सीतापुर, वाराणसी में काम किया। 10 फरवरी सन् 1975 को इनका देहावसान हो गया। मृत्यु के समय इनकी आयु 38 वर्ष 2 माह थी। धूमिल ने जीवन भर सरकारी प्रतिष्ठानों और षड्यन्त्रों का विरोध किया। जीवन भर ये अपनी आजीविका और स्वाभिमान की रक्षा के लिए संघर्ष करते रहे।

सन् 1958 से 1963 तक गीतों की दुनिया में घूमने के पश्चात धूमिल एकाएक गम्भीर, सामाजिक-राजनीतिक सरोकार की कविता से जुड़ गये। सन् 1961-62 के मध्य सभी गीत रचनाएँ प्रकाश में आयीं और इसी समय 'नीहार' जून 1961 में एक गीत प्रकाशित हुआ। सन् 1963 में इनकी कविताएँ विभिन्न पत्र-पत्रिकाओं में छपने लगीं। सन् 1970 में प्रकाशित पहला काव्य संग्रह 'संसद से सड़क तक' सामने

आया। इस संग्रह में सन् 1965 से 1970 तक की कविताएँ हैं। इनका दूसरा काव्य संग्रह 'कल सुनना मुझे' सन् 1977 में मरणोपरान्त प्रकाशित हुआ। धूमिल का तीसरा काव्य संग्रह 'सुदामा पाण्डेय का प्रजातन्त्र' सन् 1984 में प्रकाशित हुआ। इस प्रकार धूमिल के तीनों काव्य संग्रहों में 112 कविताएँ हैं। संसद से सड़क तक रचना पर इन्हें पहला 'मुक्तिबोध' पुरस्कार सन् 1974 में प्राप्त हुआ। इसी पुस्तक पर इन्हें साहित्य अकादमी पुरस्कार भी मिला है।

इनके पुत्र रत्नशंकर के अनुसार उनकी कहानी 'फिर भी वह जिन्दा है' जून 1960 में प्रकाशित हुई। 25 गीत, 7 कहानियाँ, रत्ना, नयी पौध, नया माली, तत्कालीन पत्र-पत्रिकाओं में प्रकाशित रचनाएँ हैं। कुसुम दीदी आदि निबन्ध, 1969/70/71 ई. की डायरी तथा पत्र इनकी दूसरी रचनाएँ रही हैं। सर्वनाम-11 में धूमिल द्वारा अनूदित बांग्ला कविताओं का रूपान्तरण छपा था।

प्रौढ़ शिक्षा

काले तख्ते पर सफेद खड़िया से
मैं तुम्हारे लिए लिखता हूँ–'अ'
और तुम्हारा मुख
किसी अन्धी गुफा के द्वार की तरह
खुल जाता है–"आऽऽ"!

यह भविष्य है यानी कि शब्दों की दुनिया में
आने की सहमति। तुमने पहली बार
बीते दिनों की यातना के ख़िलाफ़
मुँह खोला है।

लालटेन की लौ ज़रा और तेज करो
उसे यहाँ–
पेड़ में गड़ी हुई कील से
लटका दो
हाँ–अब ठीक है
आज का सबक़ शुरू करने से पहले
मैं एक बार फिर वह सब बतलाना चाहूँगा
जिसे मैंने कल कहा था
क्योंकि पिछले पाठ का दुहराना
हर नयी शुरुआत में शरीक है
कल मैंने कहा था कि वह दुनिया
जिसे ढँकने के लिए तुम नंगे हो रहे थे
उसी दिन उघर गयी थी
जिस दिन हर भाषा

तुम्हारे अँगूठा-निशान की स्याही में डूबकर
मर गयी थी
तुम अपढ़ थे
गँवार थे
सीधे इतने कि बस–
"दो और दो चार" थे
लेकिन इतना की काफ़ी नहीं है
इसीलिए मैं फिर कहता हूँ कि हर हाथ में
गीली मिट्टी की तरह–हाँ-हाँ–मत करो
तनो
अकड़ो
अमरबेलि की तरह मत जिओ,
जड़ पकड़ो।

मुनासिब कार्रवाई

अकेला कवि कठघरा होता है।
इससे पहले कि 'वह' तुम्हें
सिलसिले से काटकर अलग कर दे
कविता पर
बहस शुरू करो
और शहर को अपनी ओर
झुका लो।
यह सबूत के लिए है।
—रंगीन पत्रिकाओं में चरित्र—
पोंकता हुआ ईमान,
जो दाँतों में फँसी हुई भाषा की
तिकड़म है,
—टूटे हुए बकलस का खुफिया तनाव
—एक बातूनी घड़ी,
—वकील का लबार चोंगा,
—एक डरपोक चाकू
जिसका फल कानून की ज़द से
सूत-भर कम है,

शिनाख्त की इन तमाम चीजों के साथ
अपने लोगों की भीड़ में
भाषा को धीरे से धँसाओ।
बिना किसी घाव के शब्द
बाहर आ जाएँगे
जैसे परखी में बोरे का अनाज

चला आता है।
उन्हें परखो।
बाट की जगह अपना चेहरा रख दो।

यह न्याय के लिए है।
क्योंकि जिसमें थोड़ा-सा भी विवेक है :
वह जानता है कि आजकल
शहर कोतवाल की नीयत
और हथकड़ी का नम्बर एक है।
और अब देखो कि काँटे का रुख
किधर है।
कल तक वह उधर था
जिधर आढ़तिया था।
जिधर चुंगी का मुंशी बैठता था।
कल तक–
नगरपिता का सिर विरोध में
हिलता था और तुम पाते थे–
कि कविता का अर्थ
बदल गया है।
मगर अब चीजों के गलत होने का
पता चल गया है :
एक रिश्ता गलत समय देने लगा है;
उसकी मरम्मत के लिए
घड़ीसाज की दुकान पर जाना
सरासर भूल है।
तुम्हारे जिगरी दोस्त की कमर
वक्त से पहले ही झुक गयी है
उसके लिए–
बढ़ई के आरी और बसूले से
लड़ना फिजूल है।
क्योंकि गलत होने की जड़
न घड़ीसाज की दुकान में है,
न बढ़ई के बसूले में
और न आरी में है

बल्कि वह इस समझदारी में है
कि वित्त मन्त्री की ऐनक का
कौन-सा शीशा कितना मोटा है;
और विपक्ष की बेंच पर बैठे हुए
नेता के भाइयों के नाम
सस्ते गल्ले की कितनी दुकानों का
कोटा है।

और जो चरित्रहीन है
उसकी रसोई में पकने वाला चावल
कितना महीन है।
इस वक्त सचाई को जानना
विरोध में होना है।
और यहीं से–
अपराधियों की नाक के ठीक नीचे
कविता पर
बहस शुरू होती है।
चेहरे से चेहरा बटोरते हुए
एक तीखा स्वर
सवाल पर सवाल करता है।
सन्नाटा टूटता है।
गूँगे के मुँह से उत्तर फूटता है।
'कविता क्या है?
कोई पहनावा है?
कुर्ता-पाजामा है?'
'ना, भाई, ना,
कविता–
शब्दों की अदालत में
मुजरिम के कठघरे में खड़े बेकसूर आदमी का
हलफनामा है।'
'क्या यह व्यक्तित्व बनाने की–
चरित्र चमकाने की–
खाने-कमाने की–
चीज है?'

'ना, भाई ना,
कविता
भाषा में
आदमी होने की तमीज है।'
इस तरह सवाल और जवाब की मंजिलें—
तय करके
थका-हारा सच—
एक दिन अपने खोये हुए चेहरे में
वापस आता है,
और अचानक, एक नदारद-सा आदमी
समूचे शहर की जुबान बन जाता है।

लेकिन मैंने कहा—
अकेला कवि कठघरा होता है।
साथ ही, मुझे डर है कि 'वह' आदमी
तुम्हें सिलसिले से काटकर
अलग कर देने पर तुला है :
जो आदमी के भेस में
शातिर दरिन्दा है,
जो हाथों और पैरों से पंगु हो चुका है
मगर नाखून में जिन्दा है,
जिसने विरोध का अक्षर-अक्षर
अपने पक्ष में तोड़ लिया है।
जो जानता है कि अकेला आदमी झूठ होता है।
जिसके मन में पाप छाया हुआ है।
जो आज अघाया हुआ है,
और कल भी—
जिसकी रोटी सुरक्षित है।
'वह' तुम्हें अकेला कर देने पर
तुला है।

वक्त बहुत कम है।
इसलिए कविता पर बहस
शुरू करो

और शहर को अपनी ओर झुका लो
क्योंकि असली अपराधी का
नाम लेने के लिए
कविता, सिर्फ उतनी ही देर तक सुरक्षित है
जितनी देर, कीमा होने से पहले,
कसाई के ठीहे और तनी हुई गँडास के बीच
बोटी सुरक्षित है।

उदय प्रकाश

उदय प्रकाश का जन्म मध्यप्रदेश के शहडोल जिले के गाँव सीतापुर में 1 जनवरी सन् 1952 को हुआ। 13 वर्ष की आयु में ही इनके माता-पिता का देहावसान हो गया। अतः बचपन से ही इन्हें कठोर आघातों से लड़ना पड़ा। इनकी प्राथमिक, माध्यमिक और उच्च शिक्षा सीतापुर में पूरी हुई। इन्होंने विज्ञान में स्नातक की उपाधि उत्तीर्ण की। सागर विश्वविद्यालय मध्यप्रदेश से सन् 1974 में हिन्दी साहित्य में स्वर्ण पदक प्राप्त कर स्नातकोत्तर परीक्षा उत्तीर्ण की। जवाहर लाल नेहरू विश्वविद्यालय, नयी दिल्ली में शोधकर्ता के रूप में रहे, लेकिन किसी कारणवश अपना शोध कार्य पूरा नहीं कर पाये। बाद में इसी विश्वविद्यालय में सहायक प्राध्यापक के रूप में भी कार्य करते रहे।

इन्हें अध्यापन, प्रशासनिक सेवा, पत्रकारिता तथा दृश्य-श्रव्य माध्यम का भी लम्बा अनुभव रहा। सभी प्रमुख भारतीय तथा विदेशी भाषाओं में इनकी कविताओं और कहानियों का अनुवाद हुआ है। प्रतिष्ठित राष्ट्रीय तथा अन्तर्राष्ट्रीय संग्रहों में इनकी रचनाएँ संकलित हैं। 1982 से 1990 तक ये दिल्ली से प्रकाशित 'टाइम्स ऑफ इण्डिया' की पत्रिका 'दिनमान' के उप-सम्पादक रहे। 1987 में टाइम्स रिसर्च फाउण्डेशन के स्कूल ऑफ स्पेशल जर्नेलिज्म नई दिल्ली के सहायक प्राध्यापक के रूप में कार्य करते रहे। 1990 में साप्ताहिक सण्डे मेल में सहायक सम्पादक के रूप में कार्य किया। 1991-92 में नयी दिल्ली पी. टी. आई., दूरदर्शन में विचार और लिपि विभाग के प्रमुख रहे। 1997 में भारत सरकार के कृषि मन्त्रालय द्वारा अधिकृत भारतीय अन्तर्राष्ट्रीय चलचित्र द्वारा प्रस्तुत कृषि कथा में 15 कड़ियों के टी. वी. धारावाहिक का निर्देशन, लेखन एवं शोध के रूप में कार्य किया। इसके साथ ही सिनेमा, टेलीविजन के लिए भी कार्य किया।

1980 में उनकी काव्य रचना 'तिब्बत के लिए' भारत भूषण अग्रवाल पुरस्कार मिला। सन् 1984 में लघु कथा संग्रह 'दरियाई घोड़ा' के लिए ओम प्रकाश सम्मान मिला। सन् 1990 में लघु कथा संग्रह 'तिरिछ' के लिए श्रीकान्त वर्मा पुरस्कार मिला। सन् 1989 में यूनियन बैंक ऑफ इण्डिया द्वारा सर्वश्रेष्ठ लेखक की उपाधि से अलंकृत

किया गया। 1996 में मध्यप्रदेश साहित्य परिषद द्वारा लघु कथा संग्रह और अन्त में प्रार्थना के लिए मुक्तिबोध पुरस्कार से सम्मानित किया गया। सन् 1998 में समन्वय और बन्धुत्व संस्था द्वारा सद्भावना सम्मान दिया गया।

साहित्यकार उदय प्रकाश बहुमुखी प्रतिभा के धनी रचनाकार हैं। कविता, कहानी, निबन्ध, लेख, आलोचना आदि विधाओं के माध्यम से अनुभवों को कलात्मक रूप में प्रस्तुत किया है। मानवीय सम्बन्धों तथा संवेदनाओं में आ रहे आमूल परिवर्तन को अभिव्यक्ति का विषय बनाया है।

सुनो कारीगर, अबूतर-कबूतर, रात में हारमोनियम, एक भाषा हुआ करती है (प्रकाशनाधीन) इनके प्रमुख काव्य संग्रह हैं। दरियाई घोड़ा, तिरिछ, और अन्त में प्रार्थना, पालगोमरा का स्कूटर, पीली छतरी वाली लड़की, दत्तात्रेय के दुख, अरे बाप रे बाप, मेंगासिल इनके कहानी संग्रह हैं। मोहनदास, चीना बाबा इनके उपन्यास हैं। ईश्वर की आँख में इनके निबन्ध तथा आलोचनात्मक लेख हैं। कलानुभव, इन्दिरा गाँधी की आखिरी लड़ाई, रोम्याँ रोलाँ की डायरी : भारत, लाल घास पर मिले घोड़े इनकी अनुवाद रचनाएँ हैं।

किताब

वह भूल गया था मेरे कमरे में अपनी किताब

मैंने किसी जासूस की तरह प्रवेश किया
उसके भीतर
जिल्द को खोलता, प्रस्तावनाओं से बचता
मैं दाखिल हुआ उस शहर में

वाक्य कोहरे से ढँके थे, प्रदूषण वहाँ भी था, आँसू थे
जिससे हवा में नमी और खारापन था
मात्राएँ अनन्त की ओर जा रही थीं
शब्द किसी रुलाई की तरह रोके हुए थे अपना अर्थ
कोई दारुण घटना घटी थी, भाषा जिसे ढँक रही थी
कोई सत्य था विकट, आख्यान जिसे छिपा रहा था

वहाँ समुद्र था, जिसमें मैं घिर गया था और मैंने पाया मैं उसमें
मछली की तरह तैर रहा हूँ
फेफड़े चाहते थे हवा, आँखें चाहती थीं धूप
हड्डियाँ चाहती थीं फॉस्फोरस
लेकिन चारों तरफ पानी था, जिसमें कभी न बोले गये संवाद
डूब रहे थे

जहाँ लिखा था 'सड़क', वहाँ दरअसल कोई सड़क नहीं थी
जहाँ लिखा था 'हवा', वहाँ हवा नहीं थी
जहाँ 'धूप' लिखा था वहाँ नहीं थी कहीं भी धूप
सिर्फ स्याही थी जिसको छूते ही मूर्च्छा के बाद
मस्तिष्क का अन्धविश्वास सपने देखने लगता था

कही तो होगा पूर्णविराम!
शायद जहाँ मृत्यु हुई है और किसी औरत की सिसकी
सुनाई दे रही है,
वहाँ से बदला गया हो पैराग्राफ

यह एक यातनाघर है, एक दुःस्वप्न, एक सुरंग
जो कहीं नहीं खुलती

एक किला, जिसमें प्रवेश के बाद संसार अपने दरवाजे
बन्द कर लेता है बाहर से
इस पूरे कथानक में जीवन सिर्फ उतना है
जितना वह मेरी साँस के साथ
बुलबुलों की शक्ल में ऊपर उठ रहा है—

किताब यथार्थ है
और नेपथ्य है सारा संसार

मेरी आँखें फटी हैं
दर्शको, मैं किताब के धोखे में रखे गये
इस एक्वीरियम में तैरती मछली नहीं
यकीन करो, एक मनुष्य हूँ

मैं किसी कहानी का कोई पात्र नहीं
मैं किसी कविता का बिम्ब विधान नहीं
किसी दर्शनशास्त्र या सिद्धान्त का प्रमेय नहीं
मैं किसी महान् पवित्र शब्द के अन्त में लगा हलन्त् नहीं
आदिम काल में खोजी गयी किसी प्राचीन भाषा की
कोई लिपि नहीं
मैं एक बिल्कुल ठोस, बहुत मामूली, बहुत बेजार-सा आदमी हूँ

जैसे ही पूरा होगा पृष्ठ
और पन्ना पलटा जाएगा
एक छलाँग के साथ मैं आना चाहूँगा अपने जीवन में वापस!

परछाईं

वैशाख की कठिन दोपहर
लौटते होगे भइया तुम जब परदेस से
अपना सारा दुख अपने कसमसाते अनुभव
अपनी सारी कमाई
पीठ पर गठरी में बाँधे और
सूरज की हजारों-लाखों बरस की आग को झेलते

मीलों लम्बी तुम्हारे जीवन की सड़क पर
जब कोई न होगा अपना जो लगे
दूर-दूर

हम छाँह देंगे भइया तुम्हारी थकान तुम्हारी फिक्र को
अंगार से दहकते तुम्हारे माथे को हम
सहलाएँगे अपनी चोट खायी उँगलियों से

देखना हमें
हमीं होंगे गाछ बन कर खड़े
सड़क के अगल-बगल तुम्हारे स्वागत में थरथराते
धूल भरे तुम्हारे सपनों को
अपनी हरियाली से भिजाते

हमीं हैं ठण्डी छाँहों वाले पेड़
एक नहीं हजार-हजार
अपने-अपने दुखों, अपनी-अपनी लड़ाइयों में खड़े
अपनी-अपनी उखड़ती जड़ों को धरती की मिट्टी में
भरसक रोपे हुए

हम आएँगे तुम्हारे पास कहीं दूर से
उड़ते किसी तिनके-पत्ते की तरह
दो पल लगेंगे तुम्हारे तन से
हमें पहचान मत लेना

हम तो रहेंगे आसमान में, ऊपर
कुहरे का एक नन्हा थक्का होकर
लड़ेंगे सदियों पुरानी सूरज की आग से अपनी ताकत भर

फ़क़त तुम्हारे सिर भर छाँह दे पाने को

हम होंगे हवा अपने शरीर में भर कर तुम्हारी साँस
किसी डाल को ज़ोर-ज़ोर से हिलाएँगे
कि मन बँटे तुम्हारा

घर में बटलोई में स्वाद होकर उबलेंगे हम
धुआँ बन कर चढ़ेंगे मुंडरों पर
रास्ते में पोखर का ठण्डा-मीठा पानी होकर
भेंटेंगे तुम्हारी प्यास

घर के दरवाज़े पर बहन और भौजी की
आँख की कोरों में देखना भइया तो
झिलमिलाते होंगे हम
अपनी अछोर उमंग में
तुम्हारे बीते दिनों की एक-एक
खुशी को समेट-बटोर कर हर बार तुम्हारी
आँखों के सामने खड़े डबडबाते हम होंगे

हमीं तो हैं भइया
गाँव में अपने लोगों की आँखों में से झाँक कर
तुम्हारा हाल-चाल पूछते
परछाईं होकर हमीं रहे हैं तुम्हारी बिपदा में

बाघिन और तेन्दुओं के राज में
तुम्हें ढाढस बँधाने

तुम्हारे खरगोश सपनों को लोरी सुनाने
हमीं जागते रहे हैं रात भर

हम तुम्हारे दुख के आँसू हैं भइया
हम तुम्हारे गुस्से की आँच हैं
तुम्हारे खून की ताकत हैं हमीं
हमीं हैं तुम्हारे दुर्दिनों में कहीं अँतरे-कोने से
निकल कर अचानक उमँग पड़ती कोई हँसी।

सुनीता जैन

सुनीता जैन का जन्म 13 जुलाई 1941 को हुआ। इन्होंने एम.ए. अंग्रेजी स्टेट यूनिवर्सिटी ऑफ न्यूयार्क से की। पी-एच. डी. की उपाधि यूनिवर्सिटी ऑफ नेब्रासका से प्राप्त की। इण्डियन इंस्टीट्यूट ऑफ टैक्नोलॉजी ऑफ दिल्ली में मानविकी एवं समाज विज्ञान विभाग में प्रोफेसर एवं विभागाध्यक्ष के पद पर इन्होंने कार्य किया।

इन्हें अमेरिका में मैरी सैण्डोज प्रैरिक स्कूनर पुरस्कार तथा रोलैण्ड अवार्ड भी प्राप्त हुआ। इन्हें कविता के लिए निराला नामित तथा प्रभा खेतान पुरस्कार से भी सम्मानित किया गया है। हिन्दी अकादमी दिल्ली से भी इन्हें सम्मानित किया गया।

सन् 1973 से 1998 के बीच लिखी गयी तथा 23 काव्य संग्रहों में बिखरी सम्पूर्ण कविताएँ 'यहीं कहीं पर' शीर्षक से तीन खण्डों में प्रकाशित हुई हैं। इसके साथ ही गंगा तट देखा, हथकड़ी में चाँद, इतना भर समय, बोलो तुम ही, लेकिन अब, जी करता है, सीधी कलम सधे ना, जाने लड़की पगली, मूकं करोति वाचालं, इस अकेले तार पर, धूप हठीले मन की, सुनो मधु किश्वर, युग क्या होते और नहीं, पौ फटे का पहला पक्षी, कहाँ मिलोगी कविता, सच कहती हूँ, सूत्रधार सोते हैं, कातर वेला, कितना जल, रंग-रति, एक और दिन, कौन सा आकाश, हो जाने दो मुक्त इनकी प्रमुख काव्य रचनाएँ हैं। छाया कहीं बड़ी है, इनकी प्रतिनिधि कविताओं का संकलन है। सम्पूर्ण कहानियाँ और सम्पूर्ण उपन्यास दो जिल्दों में संकलित इनका गद्य साहित्य है। सुनीता जैन का पता–C-132, सर्वोदय एनक्लेव, नयी दिल्ली है।

तिल-तिल कर

मैंने वे गूँगे दिन देखे हैं
जब धुआँधार बरसते थे
शब्द कहीं पर
किन्तु मेरी जिह्वा
तालू में जकड़ी रहती थी

मैंने वे अन्धेपन देखे हैं
जब आलोक खिला रहता था
छोर-छोर तक
किन्तु मेरी आँखों में
गीली स्याही थी

मैंने वे बहरेपन झेले हैं
जब संगीत थिरकता था
पल-पल में
किन्तु मेरे हाथों और पैरों में
पथराहट थी

मैंने मर-मर कर
तिल-तिल कर
जीवन पाया है

वाचा, दृष्टि, सुर पाया है

मुझको मरने तक
हर उस विष से लड़ना है
जो धरती में अंकुर को
घातक है